INTERMEDIATE Level I

Korean Speaking for University Life

중급 I

대학 생활을 위한 한국어 말하기

연세대학교 한국어학당 편

연세대학교 출판문화원

대학 생활을 위한
한국어 말하기 (중급 I)

편저자 연세대학교 한국어학당 교재편찬위원회
집필진 한송화 · 강혜림 · 조인옥 · 박민진 · 박지원
펴낸곳 연세대학교 출판문화원

주소 서울시 서대문구 연세로 50
전화 02) 2123-3380~2
팩스 02) 2123-8673
ysup@yonsei.ac.kr
http://www.yonsei.ac.kr/press
등록 1955년 10월 13일 제9-60호
인쇄 (주)화신문화
삽화 문춘경 외
녹음 MS미디어
성우 윤미나 · 전광주

2012년 5월 25일 1판 1쇄 2024년 2월 23일 1판 6쇄
ISBN 978-89-7141-981-6 (08710)
978-89-7141-977-9 (세트)

값 14,000 원 (CD포함)

머리말

국내 최고의 명성으로 한국어 교육의 50년 전통을 이어 온 연세대학교 언어연구교육원 한국어학당에서는 한국어 교육의 질을 높이기 위해 그동안 많은 교재를 편찬해 왔다. 최근 한국 내 대학, 대학원에서 수학하고 있거나 진학하고자 하는 외국인이 증가함에 따라 학문을 목적으로 하는 한국어 교재에 대한 학습자들의 요구가 높아지고 있다. 이에 따라 연세대학교 언어연구교육원 한국어학당에서는 대학 수학을 목적으로 하는 외국인 유학생들을 대상으로 한국어와 한국 문화를 교육할 수 있는 새로운 교재를 출간하게 되었다.

연세대학교 언어연구교육원 한국어학당에서 출간하는 이 교재는 대학 생활에 필요한 의사소통 기능을 집중적으로 향상시킬 수 있는『대학 생활을 위한 한국어』시리즈와 대학에서의 수학 능력을 집중적으로 향상시킬 수 있는『대학 강의 수강을 위한 한국어』시리즈로 되어 있다.『대학 생활을 위한 한국어』시리즈는 초급 학습자를 위한『대학 생활을 위한 한국어 초급』, 중급 학습자를 위한『대학 생활을 위한 한국어 중급 I』,『대학 생활을 위한 한국어 중급 II』로 되어 있으며,『대학 강의 수강을 위한 한국어』시리즈는 중급 학습자를 위한『대학 강의 수강을 위한 한국어 중급 I』,『대학 강의 수강을 위한 한국어 중급 II』, 그리고 고급 학습자를 위한『대학 강의 수강을 위한 한국어 고급』으로 되어 있다.

『대학 생활을 위한 한국어』시리즈는 한국어 학습 단계별로 요구되는 내용을 주제로 말하기, 듣기, 쓰기 능력을 향상할 수 있도록 다양한 과제와 활동으로 구성된 분리형 교재이다. 그리고『대학 강의 수강을 위한 한국어』시리즈는 대학 수학에서 요구되는 기능과 장르를 중심으로 말하기, 듣기, 쓰기, 읽기 능력을 향상할 수 있도록 실용적인 과제와 활동으로 구성된 분리형 교재이다. 이들 교재에서는 학습자들이 흥미를 가질 수 있는 주제와 상황을 기초로 여러 가지 의사소통 기능 및 전략을 배울 수 있도록 배려하였다.

『대학 생활을 위한 한국어』와『대학 강의 수강을 위한 한국어』가 연세대학교 언어연구교육원 한국어학당에서 공부하는 학생들뿐만 아니라 한국 내에서 대학, 대학원 수학을 목적으로 하고 있는 모든 한국어 학습자들에게 도움이 되기를 바란다.

연세대학교 언어연구교육원
한국어학당 교재편찬위원회

일러두기

- 『대학 생활을 위한 한국어 말하기 중급 I』은 총 10개의 단원으로 이루어져 있고 뒤에 듣기 지문과 답안, 어휘와 문법 색인이 학습자를 위한 자료로 붙어 있다.
- 각 단원은 두 개의 항으로 구성되며, 각 항에서는 제목과 함께 담화 형식 및 기능이 드러나도록 학습목표가 제시된다.
- 각 항은 모두 세 단계로 구성되며, 이는 **【준비해 봅시다】**, **【이야기해 봅시다】**, **【정리해 봅시다】**로 구성된다.
- **【준비해 봅시다】**는 도입 단계로서 항의 상황이나 주제를 도입할 수 있는 지문으로 구성된 담화를 듣는 활동으로 구성된다.

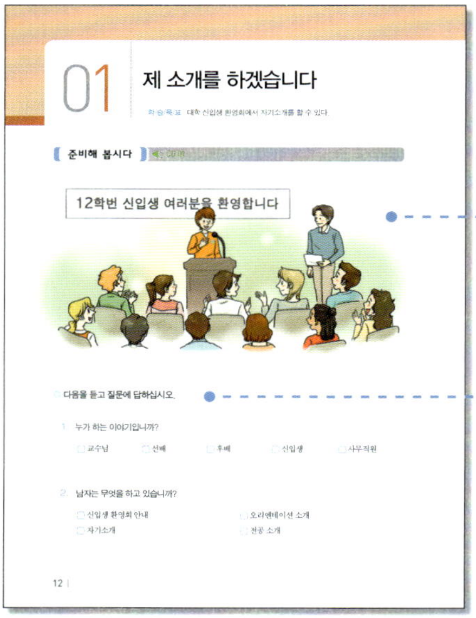

항의 말하기 주제 및 상황을 도입할 수 있는 말하기 자료와 도입 듣기의 이해를 돕기 위한 자료로서 삽화가 제시된다.

도입 듣기를 확인하고 말하기 활동을 준비할 수 있는 질문이 제시된다.

- **【이야기해 봅시다】**는 총 3단계로 구성되며, 각 단계는 통제된 말하기와 자유로운 말하기로 단계적으로 진행할 수 있도록 구성되었다.

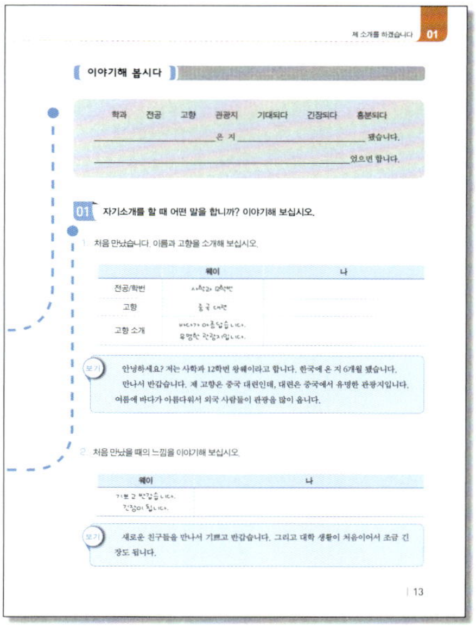

각 항의 학습목표에 적절한 어휘 및 문법 등의 표현 목록이 제시된다.

【이야기해 봅시다】 01단계에서는 전체 담화 구성요소를 중심으로 이를 세 부분으로 분리하여 각 부분을 연습시킬 수 있도록 과제 활동지와 모범 대화가 제시된다.

【이야기해 봅시다】 02단계에서는 이전 단계에서 분리 연습한 담화를 전체적으로 다양한 상황에서 연습할 수 있도록 과제 활동지와 모범 대화가 제시된다.

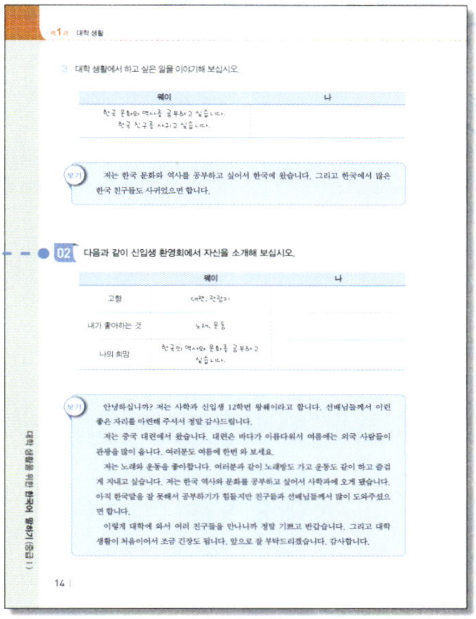

제1과 대학 생활

3 대학 생활에서 하고 싶은 일을 이야기해 보십시오.

웨이	나
한국 문화와 역사를 공부하고 싶습니다. 한국 친구를 사귀고 싶습니다.	

보기 저는 한국 문화와 역사를 공부하고 싶어서 한국에 왔습니다. 그리고 한국에서 많은 한국 친구들도 사귀었으면 합니다.

02 다음과 같이 신입생 환영회에서 자신을 소개해 보십시오.

	웨이	나
고향	대련, 관광지	
내가 좋아하는 것	노래, 운동	
나의 희망	한국의 역사와 문화를 공부하고 싶습니다.	

보기 안녕하십니까? 저는 사학과 신입생 12학번 왕웨이라고 합니다. 선배님들께서 이런 좋은 자리를 마련해 주셔서 정말 감사드립니다.

저는 중국 대련에서 왔습니다. 대련은 바다가 아름다워서 여름에는 외국 사람들이 관광을 많이 옵니다. 여러분도 여름에 한번 와 보세요.

저는 노래와 운동을 좋아합니다. 여러분과 같이 노래방도 가고 운동도 같이 하고 즐겁게 지내고 싶습니다. 저는 한국 역사와 문화를 공부하고 싶어서 사학과에 오게 됐습니다. 아직 한국말을 잘 못해서 공부하기가 힘들지만 친구들과 선배님들께서 많이 도와주셨으면 합니다.

이렇게 대학에 와서 여러 친구들을 만나니까 정말 기쁘고 반갑습니다. 그리고 대학 생활이 처음이어서 조금 긴장도 됩니다. 앞으로 잘 부탁드리겠습니다. 감사합니다.

대학 생활을 위한 한국어 말하기 (중급 1)

14

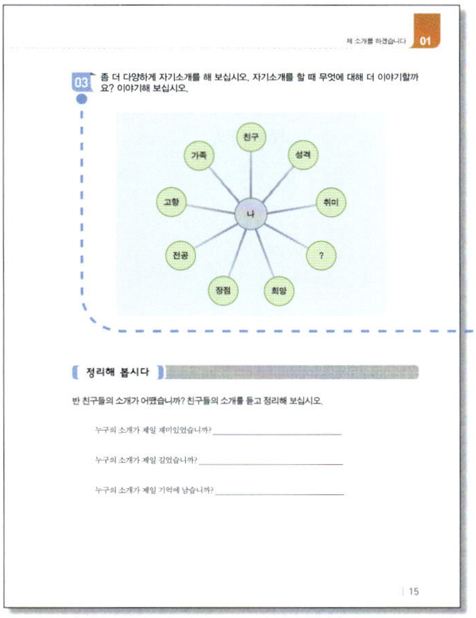

제 소개를 하겠습니다 01

03 좀 더 다양하게 자기소개를 해 보십시오. 자기소개를 할 때 무엇에 대해 더 이야기할까요? 이야기해 보십시오.

【 정리해 봅시다 】

반 친구들의 소개가 어땠습니까? 친구들의 소개를 듣고 정리해 보십시오.

누구의 소개가 제일 재미있었습니까? ____________

누구의 소개가 제일 길었습니까? ____________

누구의 소개가 제일 기억에 남습니까? ____________

15

【이야기해 봅시다】 03단계는 학습자가 자신의 상황에 맞도록 혹은 주제와 관련하여 다양한 담화를 구성할 수 있도록 하는 심화 확장 단계로서 다양한 활동지가 제시된다.

- 【정리해 봅시다】는 말하기 활동에 대한 평가 혹은 유사한 경험과의 비교나 연계를 통해 말하기 활동을 정리하고 마무리한다.

차례

내용 구성

과	제목	소제목	과제와 기능	어휘	문법/표현
1	대학 생활	제 소개를 하겠습니다	신입생 환영회에서 자기소개하기	소개 관련 어휘	-은 지 -었으면 하다
		성적을 잘 받고 싶으면 어떻게 해야 돼요?	대학 생활에 대해 질문하기	대학 관련 어휘	-고 싶으면 -어야 돼요? -을지 -을지 잘 모르다 -기는 하지만
2	쇼핑	어떤 물건이 좋을까요?	가게에서 물건 사고 추천하기	쇼핑 관련 어휘	-으려고 하는데
		콜라도 한 병 배달해 주세요	전화로 주문하고 배달 요청하기	배달과 주문 관련 어휘	-으려고 하는데요 으로/로
3	유학 생활	뭐 좀 물어보려고 하는데요	사무실에 문의하기	문의 관련 어휘	뭐 좀 물어보려고 하는데요 뭐 좀 알고 싶어서 왔는데요 -으면 되다
		방 청소는 내가 할게	문제 해결하고 협의하기	협의 관련 어휘	-는데 -어 줘 -어서 그러는데 -을 수 있겠어?
4	여행	엠티를 언제 갈까?	엠티 계획 세우기	여행 관련 어휘 1	으로/로 할까? -는 게 어떠니? -기로 하자
		숙박비는 얼마인가요?	여행 관련 문의하기	여행 관련 어휘 2	-는지 아세요? -나요?
5	학교 시설	책을 빌리려면 어떻게 해야 합니까?	도서관 이용에 대해 문의하기	도서관 이용 관련 어휘	-으려면 -어 가지고
		국제 특급으로 보내면 얼마나 걸릴까요?	우체국에서 우편물 보내기	우편물 관련 어휘	으로/로 해 주세요 에 따라

과	제목	소제목	과제와 기능	어휘	문법/표현
6	만남	인천역까지 어떻게 가요?	약속 장소 묻고 설명하기	길 찾기 관련 어휘	에 가려면 -다가 -으면 이/가 보여요
		약속을 지킬 수 없게 됐어요	약속을 변경하기	약속 관련 어휘	-게 되다 -는다고 하다
7	일상생활	드라이클리닝 좀 해 주세요	편의시설 이용하기	편의시설 관련 어휘	-는데 -어서요 -는 대로
		가방을 잃어버렸는데요	잃어버린 물건 설명하기	분실물 관련 어휘	-는데도 -는데 -어 있어요
8	공공시설	머리가 아픈 데다가 소화도 안 돼요	병원에서 증세 설명하기	병원 관련 어휘	-는 데다가 -고요 -을 테니까 -으세요
		농구 교실을 신청하려고 하는데요	문화센터에 가서 조건 확인하고 강좌 신청하기	문화센터 관련 어휘	-어야 -는 편이다
9	취미	일주일에 두세 번 정도 등산을 해요	취미에 대해 질문하고 대답하기	취미 활동 관련 어휘	-네요 -거든요
		한국 전통문화를 좀 배우고 싶은데요	여가 활동에 대해 질문하고 추천하기	여가 활동 관련 어휘	-는대요 -는다고 하던데
10	문화생활	외국인이 볼 만한 한국 영화가 있어요?	영화나 공연 추천하기	대중문화 관련 어휘 1	-을 만한 -을걸요
		그 영화가 아주 감동적이던데요	영화나 공연을 본 소감 이야기하기	대중문화 관련 어휘 2	-던데요

제 1 과

대학 생활

01 제 소개를 하겠습니다

02 성적을 잘 받고 싶으면 어떻게 해야 돼요?

01 제 소개를 하겠습니다

학/습/목/표 대학 신입생 환영회에서 자기소개를 할 수 있다.

준비해 봅시다

◎ 다음을 듣고 질문에 답하십시오. 02

1. 누가 하는 이야기입니까?

☐ 교수님 ☐ 선배 ☐ 후배 ☐ 신입생 ☐ 사무직원

2. 남자는 무엇을 하고 있습니까?

☐ 신입생 환영회 안내 ☐ 오리엔테이션 소개
☐ 자기소개 ☐ 전공 소개

이야기해 봅시다

학과　　전공　　고향　　관광지　　기대되다　　긴장되다　　흥분되다

________________은 지 ________________됐습니다.

________________________________었으면 합니다.

01 자기소개를 할 때 어떤 말을 합니까? 이야기해 보십시오.

1. 처음 만났습니다. 이름과 고향을 소개해 보십시오.

	웨이	나
전공/학번	사학과 12학번	
고향	중국 대련	
고향 소개	바다가 아름답습니다. 유명한 관광지입니다.	

보기

안녕하세요? 저는 사학과 12학번 왕웨이라고 합니다. 한국에 온 지 6개월 됐습니다. 만나서 반갑습니다. 제 고향은 중국 대련인데, 대련은 중국에서 유명한 관광지입니다. 여름에 바다가 아름다워서 외국 사람들이 관광을 많이 옵니다.

2. 처음 만났을 때의 느낌을 이야기해 보십시오.

웨이	나
기쁘고 반갑습니다. 긴장이 됩니다.	

보기

새로운 친구들을 만나서 기쁘고 반갑습니다. 그리고 대학 생활이 처음이어서 조금 긴장도 됩니다.

3. 대학 생활에서 하고 싶은 일을 이야기해 보십시오.

웨이	나
한국 문화와 역사를 공부하고 싶습니다. 한국 친구를 사귀고 싶습니다.	

보기 저는 한국 문화와 역사를 공부하고 싶어서 한국에 왔습니다. 그리고 한국에서 많은 한국 친구들도 사귀었으면 합니다.

02 다음과 같이 신입생 환영회에서 자신을 소개해 보십시오.

	웨이	나
고향	대련, 관광지	
내가 좋아하는 것	노래, 운동	
나의 희망	한국의 역사와 문화를 공부하고 싶습니다.	

보기

안녕하십니까? 저는 사학과 신입생 12학번 왕웨이라고 합니다. 선배님들께서 이런 좋은 자리를 마련해 주셔서 정말 감사드립니다.

저는 중국 대련에서 왔습니다. 대련은 바다가 아름다워서 여름에는 외국 사람들이 관광을 많이 옵니다. 여러분도 여름에 한번 와 보세요.

저는 노래와 운동을 좋아합니다. 여러분과 같이 노래방도 가고 운동도 같이 하고 즐겁게 지내고 싶습니다. 저는 한국 역사와 문화를 공부하고 싶어서 사학과에 오게 됐습니다. 아직 한국말을 잘 못해서 공부하기가 힘들지만 친구들과 선배님들께서 많이 도와주셨으면 합니다.

이렇게 대학에 와서 여러 친구들을 만나니까 정말 기쁘고 반갑습니다. 그리고 대학 생활이 처음이어서 조금 긴장도 됩니다. 앞으로 잘 부탁드리겠습니다. 감사합니다.

03 좀 더 다양하게 자기소개를 해 보십시오. 자기소개를 할 때 무엇에 대해 더 이야기할까요? 이야기해 보십시오.

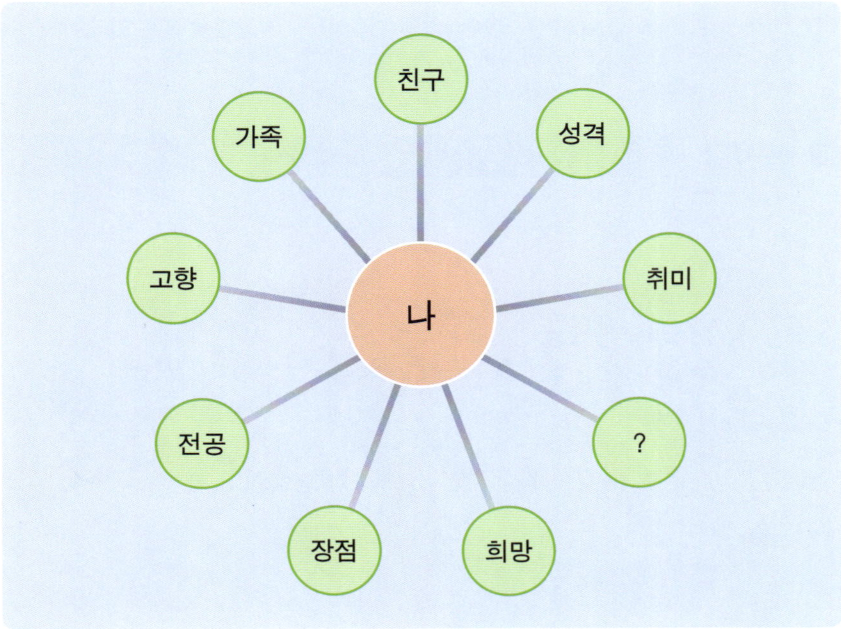

정리해 봅시다

반 친구들의 소개가 어땠습니까? 친구들의 소개를 듣고 정리해 보십시오.

누구의 소개가 제일 재미있었습니까? ________________________

누구의 소개가 제일 길었습니까? ________________________

누구의 소개가 제일 기억에 남습니까? ________________________

02 성적을 잘 받고 싶으면 어떻게 해야 돼요?

학/습/목/표 대학 수업과 관련된 여러 가지 질문을 할 수 있다.

준비해 봅시다

◎ 다음을 듣고 질문에 답하십시오. 04

1. 누구와 누구의 대화입니까?

☐ 동기 사이 ☐ 선배 - 후배 ☐ 학생 - 조교 ☐ 학생 - 교수님

2. 남자는 무엇에 대해서 질문하고 있습니까?

☐ 신입생 환영회 ☐ 강의실 위치 ☐ 강의 신청 ☐ 전공책 사기

이야기해 봅시다

교수님	동기	선배	후배	조교	강당	강의실
연구실	학과	사무실	강의	과목	성적	학점

__________고 싶으면 ____________________어야 돼요?

__________을지 ____________________을지 잘 모르겠어요.

__________기는 하지만 ________________________

01 대학 수업에 대해 선배나 친구에게 질문합니다.

1. 선배나 친구에게 대학 수업에 대해 질문해 보십시오.

알고 싶은 것
• 성적을 잘 받고 싶습니다. • 장학금을 받고 싶습니다. • 대학 생활을 즐겁게 하고 싶습니다. • 꼭 들어야 하는 과목 • 대학생 때 꼭 해야 할 것

보기

가 : 성적을 잘 받고 싶으면 어떻게 해야 돼요?

나 : 강의를 듣기 전에 교재를 읽고 가세요.

2. 두 가지 중 무엇을 할지 고민하고 있습니다. 이야기해 보십시오.

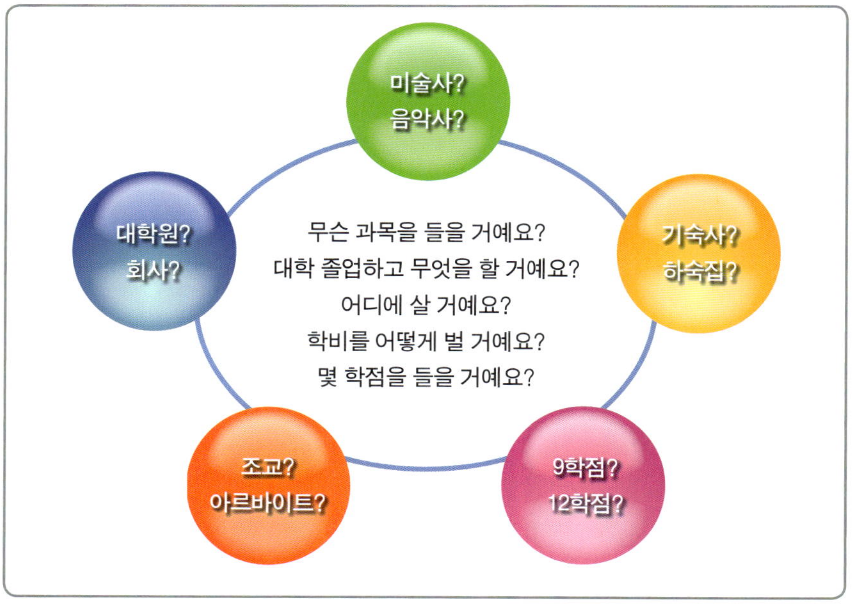

보기

가 : 무슨 과목을 들을 거예요?

나 : 글쎄요, 미술사를 들을지 음악사를 들을지 잘 모르겠어요.

3. 친구의 결정을 도와주십시오. 나쁜 점과 좋은 점을 이야기해 주십시오.

		나쁜 점	좋은 점
미술사?	음악사?	어렵습니다.	재미있습니다.
대학원?	회사?		
기숙사?	하숙집?		
조교?	아르바이트?		
9학점?	12학점?		

보기

가 : 미술사를 들을지 음악사를 들을지 잘 모르겠어요. 뭐가 좋을까요?

나 : 미술사를 들으세요. 미술사가 어렵기는 하지만 음악사보다 재미있어요.

02 대학 생활에 대해서 알고 싶은 것이 있습니다. 다음 상황에 맞게 친구나 선배와 이야기해 보십시오.

상황 1 저는 신입생입니다. 저는 아직 어떤 과목을 들을지 결정하지 못했습니다. 그리고 성적을 잘 받는 방법도 알고 싶습니다.

상황 2 저는 신입생입니다. 저는 아직 어디에서 살지 결정하지 못했습니다. 그리고 대학 생활을 재미있게 하는 방법도 알고 싶습니다.

상황 3 저는 대학교 4학년 학생입니다. 저는 아직 졸업하고 무엇을 할지 결정하지 못했습니다. 그리고 대학원 입학 시험(또는 입사 시험)을 잘 보는 방법도 알고 싶습니다.

보기

가 : 대학 생활이 어때요? 힘들지 않아요?

나 : 한국어를 잘 못해서 좀 힘들지만 재미있어요.

가 : 제가 많이 도와드릴게요. 어려운 일이 있으면 부탁해요. 그런데 무슨 과목을 들을 거예요?

나 : 글쎄요, 미술사를 들을지 음악사를 들을지 아직 잘 모르겠어요. 뭐가 좋을까요?

가 : 미술사를 들으세요. 미술사가 어렵기는 하지만 재미있어요.

나 : 그렇군요. 감사합니다. 그런데 미술사 성적을 잘 받고 싶으면 어떻게 해야 돼요?

가 : 제가 도움이 되는 책을 알려 드릴게요. 그걸 읽어 보세요.

03 대학 생활에 대해서 알고 싶은 것이 있습니까? 선배와 친구, 선생님과 이야기해 보십시오.

- 한국 친구를 많이 사귀는 방법
- 교수님과 친하게 지내는 방법
- 장학금을 받는 방법
- ____________________

정리해 봅시다

대학 생활에 대해 알게 된 내용을 정리해 보십시오. 누구의 말이 가장 도움이 되었습니까?

제2과

쇼핑

01 어떤 물건이 좋을까요?

02 콜라도 한 병 배달해 주세요

01 어떤 물건이 좋을까요?

학/습/목/표 물건에 대한 정보를 문의할 수 있다.

준비해 봅시다

◎ 다음을 듣고 질문에 답하십시오. 06

1. 여기는 어디입니까?

☐ 학교 ☐ 옷 가게 ☐ 세탁소 ☐ 입학식장

2. 남자는 무엇을 사고 싶어합니까? 쓰십시오.

____

이야기해 봅시다

갈아입다　　깎아 주다　　맞다　　어울리다　　유행하다　　할인하다

__________ 으려고 하는데 __________

01 가게에서 대화하고 있습니다.

1. 무슨 물건을 사려고 합니까? 이야기해 보십시오.

무엇을?	왜?
문법책	한국말을 처음 공부하는 친구에게 주고 싶습니다.
옷	
꽃	

보기

가 : 어서 오세요, 손님. 뭘 찾으세요?

나 : 한국말을 처음 공부하는 친구에게 줄 문법책을 사려고 하는데 어떤 것이 좋을까요?

2. 물건을 추천해 보십시오.

노트북 컴퓨터	안경	티셔츠
		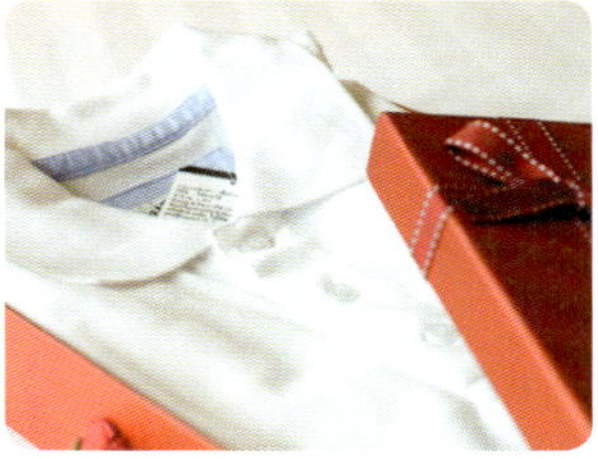
가벼워서 가지고 다니기 편합니다.	요즘 유행하는 디자인이고 안경테가 가볍습니다.	따뜻하고 부드럽습니다. 어떤 색깔의 옷과도 잘 어울립니다.

보기

가 : 노트북 좀 보여 주세요.

나 : 새로 나온 이 노트북 어떠세요? 가벼워서 가지고 다니기 편합니다. 그리고 지금 20% 세일 중입니다.

3. 다음을 더 알고 싶습니다. 이야기해 보십시오.

- [x] 교환
- [ ] 세탁 방법
- [ ] 할인
- [ ] ____________
- [ ] 디자인
- [x] 사이즈
- [ ] 색깔
- [ ] ____________

보기

가 : 좀 작은 것 같은데 큰 건 없습니까?
나 : 있습니다. 큰 걸로 드릴까요?
가 : 네, 그런데 옷이 맞지 않으면 바꿀 수 있습니까?
나 : 네, 영수증을 가져 오시면 바꿔 드립니다.

02 물건을 사려고 합니다. 이야기해 보십시오.

역사책	전자사전	운동화

만화로 되어 있습니다.	단어 수가 많고 가볍습니다.	가볍고 발에 땀이 안 납니다.
할인?	녹음? 애프터서비스?	사이즈? 색깔? 가죽?

보기

가 : 어서 오세요, 손님. 뭘 찾으세요?
나 : 역사책을 한 권 사려고 하는데요.
가 : 어떤 역사책을 찾으세요?
나 : 외국 사람들이 쉽게 이해할 수 있는 역사책 있어요?
가 : 이 책 어떠세요? 만화로 되어 있어서 재미있고 쉬워요.
나 : 네, 정말 재미있을 것 같군요. 그런데 이 학교 학생이면 할인이 됩니까?
가 : 네, 10% 할인해 드립니다. 20,000원인데 할인해서 18,000원입니다.

03 가게 주인과 손님이 되어 다음 가게에서 물건에 대해 물어보고 추천하는 대화를 만들어 보십시오.

사고 싶은 물건	알고 싶은 것

정리해 봅시다

여러분은 쇼핑하러 어디에 자주 갑니까? 여러분의 쇼핑 비법을 소개해 보십시오.

02 콜라도 한 병 배달해 주세요

학/습/목/표 전화로 물건을 주문하고 배달을 부탁할 수 있다.

준비해 봅시다

◎ 다음을 듣고 질문에 답하십시오. 08

1. 여자는 무엇을 하고 있습니까?

☐ 쇼핑하기 ☐ 주문하기 ☐ 음식 만들기 ☐ 식당 찾기

2. 여자는 무엇을 주문했습니까? 쓰십시오.

____

이야기해 봅시다

배달하다　주문하다　주소　위치　번지　동　층　호

_______________으려고 하는데요.

_______________으로/로 _______________

01 물건을 주문하는 대화를 만들어 보십시오.

1. 전화로 주문하려고 합니다. 이야기해 보십시오.

보기

가 : 안녕하십니까? '미스 피자'입니다.
나 : 피자를 주문하려고 하는데요. 어떤 종류가 있습니까?
가 : 고구마 피자, 불고기 피자, 치즈 피자가 있습니다.
　요즘 고구마 피자가 인기예요.
나 : 그래요? 그럼 고구마 피자로 할게요. 콜라도 한 병 배달해 주세요.

2. 주소와 위치를 이야기해 보십시오.

주소	위치
종로5가 서울 원룸 301호	광장시장 건너편
아현동 130번지	하나서점 옆 골목에서 첫 번째 집
하늘 오피스텔 7층 3호	최고은행 맞은편 빨간색 건물

보기

가 : 주소를 말씀해 주시겠습니까?

나 : 여기는 종로5가 서울 원룸 301호입니다. 광장시장 건너편에 있습니다.

가 : 네, 알겠습니다. 곧 배달해 드리겠습니다.

3. 주문할 때 부탁하고 싶은 것이 있으면 이야기해 보십시오.

- 콜라 말고 다른 음료수는 없어요?
- 빨리 배달해 주시겠어요?
- 1시 전까지 배달해 주세요.
- 카드로 계산하고 싶은데요.
- ______________________________

보기

가 : 혹시 콜라 말고 다른 음료수는 없어요?

나 : 다른 음료수는 주스하고 커피가 있습니다.

가 : 그럼 주스로 주세요.

나 : 네, 알겠습니다.

02 다음을 보고 전화로 주문하는 대화를 만드십시오.

보기

가 : 여보세요, '미스 피자'지요?
나 : 네, 그런데요.
가 : 불고기 피자 큰 것으로 두 판하고 1.5 ℓ 짜리 콜라 하나 배달해 주세요.
나 : 불고기 피자 큰 것 두 판하고 콜라 시키셨습니다. 주소가 어떻게 되십니까?
가 : 아현동 130번지예요. 하나서점 옆 골목에서 첫 번째 집이에요.
나 : 알겠습니다. 배달 시간이 약 30분쯤 걸릴 것 같은데 괜찮으시겠습니까?
가 : 네, 괜찮습니다. 그런데 오이 피클 좀 많이 주시겠어요?
나 : 알겠습니다. 감사합니다.

주문하는 음식	
주소와 위치	
부탁하는 말	

03 친구들을 집에 초대해서 파티를 하려고 합니다. 앞의 광고를 보고 주문을 하십시오.

초대한 친구	________ 명
주문하는 음식	
주소와 위치	
부탁하는 말	

정리해 봅시다

전화나 인터넷으로 물건을 주문한 적이 있습니까? 어땠습니까? 이야기해 보십시오.

제3과

유학 생활

01 뭐 좀 물어보려고 하는데요

02 방 청소는 내가 할게

01 뭐 좀 물어보려고 하는데요

학/습/목/표 대학 생활과 관련된 사항을 사무실에 가서 알아볼 수 있다.

준비해 봅시다

◎ 다음을 듣고 질문에 답하십시오. 10

1. 누구와 누구의 대화입니까?

☐ 학생 – 직원 ☐ 선배 – 후배 ☐ 학생 – 조교 ☐ 학생 – 교수님

2. 여자는 무엇을 하고 싶어합니까?

☐ 학생증을 다시 만들고 싶어합니다.
☐ 아르바이트 정보를 알고 싶어합니다.
☐ 수강 신청을 하고 싶어합니다.
☐ 기숙사 신청을 하고 싶어합니다.

이야기해 봅시다

기간 발표 방법 보증금 수수료 자격 확인

뭐 좀 물어보려고 하는데요.

뭐 좀 알고 싶어서 왔는데요.

________________ 으면 됩니다.

01 다음의 내용에 대해 알고 싶습니다. 대학교 사무실에 가서 어떻게 물어볼까요? 이야기해 보십시오.

1. 신청 방법이나 이용 방법, 그리고 필요한 것을 알고 싶습니다. 이야기해 보십시오.

기숙사 신청에 필요한 것	신청서에 필요한 내용을 적고 돈을 냅니다
셔틀버스 이용에 필요한 것	
장학금 신청에 필요한 것	

보기

가 : 뭐 좀 물어보려고 하는데요.
기숙사를 신청하려면 어떻게 해야 돼요?

나 : 신청서에 필요한 내용을 적고 돈을 내면 됩니다.

2. 신청 기간이나 이용 기간을 알고 싶습니다. 이야기해 보십시오.

기숙사 신청 기간	다음 주 월요일 ~ 금요일
셔틀버스 이용 기간	
장학금 신청 기간	

보기

가 : 뭐 좀 알고 싶어서 왔는데요.
기숙사 신청은 언제부터 언제까지 할 수 있어요?

나 : 다음 주 월요일부터 금요일까지 학과 사무실에서 신청을 받습니다.

3. 신청 자격이나 이용 자격을 알고 싶습니다. 이야기해 보십시오.

기숙사 신청 자격	학교 학생이면 누구나
셔틀버스 이용 자격	학생증이 있는 학생
장학금 신청 자격	학점이 3.0 이상인 학생

보기

가 : 누구나 신청할 수 있어요?

나 : 네, 우리 학교 학생이면 누구나 신청할 수 있습니다.

02 다음은 학교 사무실에서의 대화입니다. 다음을 보고 대화를 만들어 보십시오.

사물함 신청	근로 장학생 신청	성적 확인
신청 자격 학교 학생 누구나	**신청 기간** 월요일 오전 9시부터 금요일 오후 5시까지	**어디에서** 학교 홈페이지
신청 방법 • 신청서 작성 • 한 학기 보증금 만 원	**신청 방법** 학과 사무실에 가서 신청서 작성	**확인 기간** 시험 후 3주 동안

보기

가 : 실례합니다. 뭐 좀 알고 싶어서 왔는데요.

나 : 네, 무슨 일로 오셨는데요?

가 : 사물함을 신청하고 싶은데 어떻게 하면 돼요?

나 : 이 신청서를 작성하고 한 학기 보증금 만 원을 내면 됩니다.

가 : 누구나 신청할 수 있어요?

나 : 네, 우리 학교 학생이면 누구나 신청할 수 있습니다.

03 사무실에 가서 알고 싶은 것이 있습니다. 다음의 정보를 보고 궁금한 것을 묻고 대답하는 대화를 만들어 보십시오.

학생증을 만들고 싶을 때	1. 신청서에 이름과 외국인 등록 번호, 학번을 적습니다. 2. 신청서와 신분증을 은행에 가지고 갑니다. 3. 3일 후에 학생증을 받을 수 있습니다.
기숙사 열쇠를 잃어버렸을 때	1. 신청서에 이름과 방 번호를 적습니다. 2. 수수료(옷장 열쇠 5,000원, 현관 열쇠 10,000원)를 냅니다. 3. 다음 날 오후에 열쇠를 받을 수 있습니다.

정리해 봅시다

학교 사무실에 가서 궁금한 것을 물어본 적이 있습니까? 무엇을 물어봤습니까?

02 방 청소는 내가 할게

학/습/목/표 기숙사 안에서 생기는 문제에 대해 요청이나 제안을 할 수 있다.

준비해 봅시다

◎ 다음을 듣고 질문에 답하십시오. 12

1. 웨이는 무엇 때문에 잠을 잘 못 잡니까?

☐ 시험 ☐ 파티 ☐ 음악 소리 ☐ 전화 소리

2. 웨이는 옆방 친구에게 어떻게 말할 것 같습니까?

이야기해 봅시다

쓰레기봉투　쓰레기를 버리다　청소기를 돌리다　생활용품　냄새가 나다　걸레질(을) 하다

__________________는데 __________________어 줘.

__________________어서 그러는데 __________________을 수 있겠어?

01 기숙사에서 같은 방을 쓰는 친구와 여러 가지 문제에 대해 이야기하려고 합니다.

1. 이번 학기의 상황을 말하고 일을 나누고 싶습니다. 이야기를 시작해 보십시오.

상황 1	상황 2	상황 3
오전 수업이 많습니다. 그래서 일을 다시 나누고 싶습니다.	이번 학기에는 월 · 수 · 금에 수업이 많고 화요일이 한가합니다.	아르바이트를 해서 주말에 시간이 없습니다.

보기

가 : 지금 바빠? 잠깐 시간 있어?
나 : 응. 괜찮아. 무슨 일인데?
가 : 내가 이번 학기에 오전 수업이 많아서 그러는데 일을 다시 나눴으면 좋겠어.

2. 방 친구와 일을 나누려고 합니다. 이야기해 보십시오.

같이 할 수 있는 일들	보기	나
쓰레기 버리기	☐	☐
생활용품(쓰레기봉투, 휴지 등) 사 오기	☑	☐
청소기 돌리기	☐	☐
걸레질하기	☐	☐
__________________	☑	☐

보기

가 : 난 오전에는 수업이 없으니까 아침에 청소기를 가져와서 청소기를 돌릴게.
나 : 그럼 난 걸레질을 할게. 그리고 강의실이 매점 근처에 있으니까 쓰레기봉투도 사 올게.

3. 친구와 생활할 때 생기는 불편한 점에 대해 이야기해 보고 친구에게 부탁하는 대화를 만들어 보십시오.

이럴 때 불편해요

- 음악 소리가 큽니다.
- 청소를 자주 안 해서 쓰레기가 많습니다.
- 불을 끄지 않고 잡니다.
- 늦게까지 컴퓨터 게임을 합니다.
- 평소에 전화를 오래 합니다.
- 방 안에서 음식을 자주 먹습니다.
- 친구들을 자주 방에 데리고 옵니다.
- ________________.

보기

가 : 음악 소리가 좀 커서 그러는데 작게 해 줄 수 있겠어?

나 : 그래? 미안해. 다음부터는 작게 들을게.

02 새 학기에 방 친구와 할 일을 나누는 대화를 만들어 보십시오.

	상황	할 수 있는 일	그동안 불편한 점
1	오전 수업이 많습니다.	오후에 기숙사 방 청소하기	방 친구가 방 안에서 음식을 먹습니다.
2	이번 학기부터 기숙사 매점에서 아르바이트를 시작합니다.	쓰레기봉투 사 오기, 생활용품(휴지, 세제, 비누 등) 사 오기	방 친구가 전화를 오래 합니다.
3	취직 시험 준비 때문에 매일 밤 11시에 돌아옵니다.	주말에 쓰레기 분리수거하기	방 친구가 밤늦게까지 음악을 듣습니다.

보기

가 : 웨이야, 이번 학기에 내가 오전 수업이 많아서 오후에 방 청소를 할 수 있을 것 같아.
나 : 그래? 미안한데 내가 이번 학기에는 아르바이트를 시작해서 일을 많이 못할 것 같아.
가 : 괜찮아. 그럼 내가 오후에 기숙사 방 청소를 할게. 너는 쓰레기를 버릴 수 있어?
나 : 응. 그건 할 수 있어.
가 : 좋아. 그럼 이번 학기에는 내가 오후에 기숙사 방 청소를 할게, 네가 쓰레기를 버려. 참, 그리고 방 안에서 음식을 먹지 않았으면 좋겠어.
나 : 아, 미안해. 다음부터는 방 안에서 음식을 먹지 않을게.

03 여러분의 기숙사 방 친구와 이번 학기의 일을 나누는 대화를 만들어 보십시오.

내가 할 일	
친구가 할 일	
부탁하고 싶은 말	

정리해 봅시다

여러분은 기숙사 안에서 친구들과 일을 어떻게 나누어서 하고 있습니까? 하기 어려운 일들은 무엇입니까? 같이 이야기해 보십시오.

제4과

여행

01 엠티를 언제 갈까?

02 숙박비가 얼마인가요?

01 엠티를 언제 갈까?

학/습/목/표 친구들과 의논하여 엠티 계획을 세울 수 있다.

준비해 봅시다

◎ 다음을 듣고 질문에 답하십시오. 14

1. 누구와 누구의 대화입니까?

   ☐ 동기 사이 ☐ 선배 – 후배 ☐ 주인 – 점원 ☐ 주인 – 학생

2. 무엇에 대한 이야기입니까?

   ☐ 동아리 소개 ☐ 동아리 모임 ☐ 엠티 장소 ☐ 엠티 참가 인원

이야기해 봅시다

숙박 민박 콘도 펜션 호텔 묵다 온천 해수욕 관광버스 시외버스 직행좌석

________________________으로/로 할까?

________________________는 게 어떠니?

________________________기로 하자.

01 엠티 계획을 세우려고 합니다. 이야기해 보십시오.

1. 시간과 장소를 정해 보십시오.

	시간	장소
과 전체 엠티	여름 방학	강화도

보기

가 : 이번 우리 과 전체 엠티 날짜는 언제로 할까?
나 : 여름 방학에 가는 게 어떠니?
가 : 응, 그러자. 장소는 어디로 할까?
나 : 강화도가 좋을 것 같은데.

2. 숙박과 교통편을 정해 보십시오.

숙박	교통편
펜션	버스

보기

가 : 엠티 가서 어디에서 잘까? 민박을 할까?
나 : 민박은 샤워하기가 좀 불편한데 펜션에서 묵는 게 어떠니?
가 : 그래, 그게 좋을 것 같다. 근데, 뭘 타고 갈까?
나 : 그쪽으로 가는 버스가 많으니까 버스로 가자.

3. 식사와 일정을 정해 보십시오.

식사		일정
어떻게?	무슨 음식	
식당에서 사먹기	매운탕, 비빔밥	농구하기, 등산하기

보기

가 : 식사는 어떻게 할까? 재료를 사 가지고 가서 만들어 먹을까?

나 : 해 먹는 거 귀찮으니까 매운탕이나 비빔밥 같은 거 사 먹는 게 어때?

가 : 그래, 밥은 식당에서 사 먹기로 하자. 그런데 가서 뭐 할까?

나 : 공원에서 농구도 하고 다음날에는 등산도 하자.

02 엠티 계획을 세우려고 합니다. 다음 관광 안내를 보고 엠티 계획을 세워 보십시오.

날짜	
장소	
숙박	
교통편	
식사	
일정	

강화도 관광 안내

- 숙 박 펜션, 민박, 호텔, 콘도
- 교통편 시외버스, 택시
- 걸리는 시간 30분
- 교통비 시외버스(2천 원), 택시(2만 원)
- 할 것 등산, 해수욕, 역사 박물관

설악산 관광 안내

- 숙 박 펜션, 민박, 호텔, 콘도
- 교통편 관광버스, 기차
- 걸리는 시간 4시간
- 교통비 관광버스(2만 5천 원), 기차(3만 원)
- 할 것 등산, 온천, 소리 박물관

보기

가 : 이번 우리 과 전체 엠티 날짜는 언제로 할까?
나 : 중간 시험 끝나고 가면 날씨도 안 덥고 학생들도 많이 갈 수 있을 것 같은데…….
가 : 그래, 중간 시험 끝나고 가기로 하자. 그런데 어디로 갈까?
나 : 설악산으로 가는 게 어때?
가 : 설악산은 너무 멀지 않아? 1박 2일로 가니까 가까운 곳으로 가는 게 좋을 것 같아. 강화도로 가면 어떨까?
나 : 그게 좋겠다. 강화도로 가자. 그런데 가서 뭘 할까?
가 : 운동도 좀 하고 등산도 하자.

03 여러분이 엠티를 가려고 합니다. 엠티 계획을 세워 보십시오.

날짜	
장소	
숙박	
교통편	
식사	
일정	

정리해 봅시다

위에서 정한 내용을 발표해 보십시오. 왜 그렇게 정했는지 이야기해 보십시오.

02 숙박비는 얼마인가요?

학/습/목/표 여행과 관련된 여러 가지 문의를 할 수 있다.

준비해 봅시다

◎ 다음을 듣고 질문에 답하십시오. 16

1. 누구와 누구의 대화입니까?

☐ 여행사 직원 – 학생 ☐ 점원 – 학생 ☐ 펜션 주인 – 점원 ☐ 펜션 주인 – 학생

2. 무엇에 대해서 이야기하고 있습니까?

☐ 펜션의 위치 ☐ 방의 크기 ☐ 편의 시설 ☐ 숙박비

이야기해 봅시다

유적지　절　해수욕장　냉방 시설　편의 시설　배차 시간　등산 코스

________________________________는지 아세요?

__________________________________나요?

01 강화도에 답사를 왔습니다. 어떤 질문을 할까요?

1. 펜션 주인에게 숙박에 대해 질문해 보십시오.

숙박비	큰 방 18만 원, 작은 방 12만 원
사용 인원	큰 방 8명, 작은 방 5명
할인	2개 이상 빌리면 10% 할인
냉방 시설	에어컨 있음

보기
가 : 이 펜션은 숙박비가 얼마인가요?
나 : 큰 것은 18만 원이고 작은 것은 12만 원입니다.

2. 펜션 주인에게 펜션 시설과 주변 시설에 대해 질문해 보십시오.

펜션 시설
(수영장, 바비큐장, 운동장 …)

주변 편의 시설 위치
(슈퍼마켓, 약국, 버스 정류장 …)

보기

가 : 이 펜션에 수영장이 있나요?

나 : 네, 펜션 오른쪽에 작은 수영장이 하나 있습니다.

3. 펜션 주인에게 근처 관광에 대해 질문을 하려고 합니다. 이야기해 보십시오.

알고 싶은 것

- 유적지 위치
- 유명한 식당과 맛있는 음식
- 좋은 해수욕장과 해수욕장까지 걸리는 시간

보기

가 : 이 근처에 유명한 유적지가 있어요?

나 : 네, 마니산하고 전등사가 있어요.

가 : 그래요? 그럼 죄송하지만 마니산까지 어떻게 가는지 아세요?

나 : 네, 여기에서 가까워요. 10분 정도 걸어가면 돼요.

02 아래 상황 중에서 하나를 골라 펜션 주인과 이야기해 보십시오.

상황1

장소 : 강화도
인원 : 30명
일정 : 체육대회, 해수욕

상황2

장소 : 설악산
인원 : 40명
일정 : 회의, 등산

상황3

장소 : 부산
인원 : 12명
일정 : 낚시, 자전거

보기

가 : 저 다음 주말에 여기로 엠티를 오려고 하는데요. 방이 있나요?
나 : 네, 있습니다. 몇 명이 오실 겁니까?
가 : 30명인데요. 숙박비는 어떻게 되나요?
나 : 1박에 12만 원입니다. 30명이시니까 방은 5개 정도 빌리시면 될 것 같습니다.
가 : 저희가 체육대회를 하려고 하는데, 이 펜션에 운동장이 있어요?
나 : 네, 펜션 뒤에 축구장하고 농구장이 있습니다.
가 : 저, 이 근처에 좋은 해수욕장도 있어요?
나 : 자동차로 10분쯤 가면 조용하고 깨끗한 해수욕장이 있습니다.

03 배낭여행을 가려고 합니다. 여행사에 물어 보고 싶은 내용을 메모하고 여행사에 문의해 보십시오.

어디	
언제	
질문할 내용	

정리해 봅시다

위에서 여행사에 질문한 내용을 발표해 보십시오. 친구들이 가장 많이 질문한 내용은 무엇입니까? 같이 이야기해 보십시오.

제5과

학교 시설

01 책을 빌리려면 어떻게 해야 합니까?

02 국제 특급으로 보내면 얼마나 걸릴까요?

01 책을 빌리려면 어떻게 해야 합니까?

학/습/목/표 도서관에서 책을 빌리고 여러 가지 문의를 할 수 있다

준비해 봅시다

◎ 다음을 듣고 질문에 답하십시오. 18

1. 어디에서의 대화입니까?

- [ ] 우체국
- [ ] 은행
- [ ] 도서관
- [ ] 서점

2. 여자는 무엇을 알고 싶어합니까? 2개 고르십시오.

- [ ] 대출 기간
- [ ] 대출 방법
- [ ] 대출 자격
- [ ] 대출 연장

이야기해 봅시다

검색　　대출　　반납　　연체료　　세미나실　　자료실　　열람실

________________으려면 ________________

________________어 가지고 ________________

01 도서관에서 대화하고 있습니다.

1. 도서관에서 책을 빌리고 싶습니다. 대출 장소와 기간, 권수를 알아보십시오.

빌리고 싶은 책

- 한국문학에 대한 책
- 한국문화에 대한 책
- 정치에 대한 책
- 경제에 대한 책
- 자연에 대한 책
- 우주공학에 대한 책

4층	자연과학 열람실
3층	사회과학 열람실
2층	인문과학 열람실
1층	정보검색대
지하	식당, 매점, 24시간 열람실

대출 기간	학부생	(15일)
	석사 과정	(30일)
	박사 과정	(30일)
대출 권수	학부생	(10권)
	석사 과정	(20권)
	박사 과정	(30권)

보기

가 : 한국문학에 대한 책을 빌리려면 어디로 가야 합니까?

나 : 2층 인문과학 열람실로 가십시오.

가 : 감사합니다. 그런데 학부생은 책을 몇 권 빌릴 수 있습니까?

나 : 10권 빌릴 수 있습니다.

2. 도서관에 있는 시설을 이용하고 싶습니다. 이야기해 보십시오.

하고 싶은 일

토론　　공부　　음악감상

복사　　(　　)　　사물함 이용

보기

가: 친구들과 토론을 하고 싶은데 어디에서 할 수 있습니까?
나: 도서관 1층에 세미나실이 있습니다.
가: 어떻게 이용할 수 있어요?
나: 일주일 전에 예약하시고 이용하시면 됩니다.

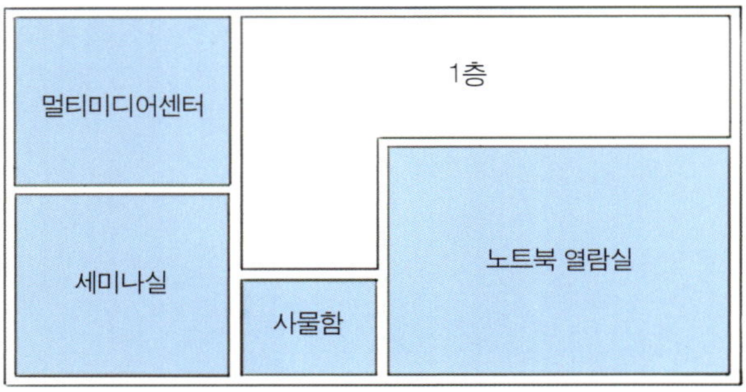

1층

멀티미디어센터
영화 감상, 어학 공부, TV 시청 등을 할 수 있습니다.

세미나실
토론을 할 수 있고, 일주일 전에 미리 예약해야 합니다.

사물함
학기 초에 신청을 하면 되고 재학생과 휴학생도 이용할 수 있습니다.

노트북 열람실
노트북을 가져가면 이용할 수 있습니다.

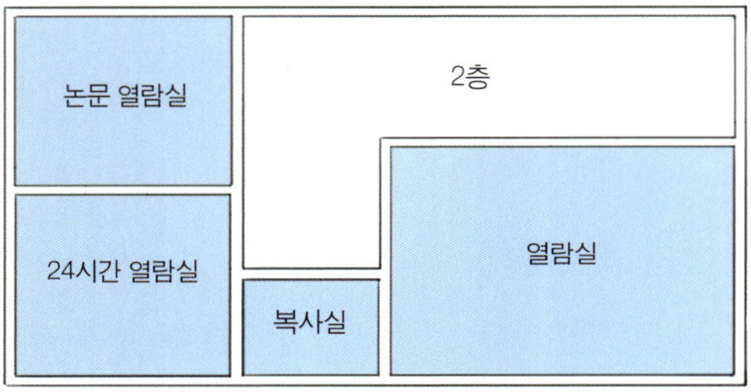

2층

논문 열람실
논문을 읽을 수 있지만 대출할 수는 없습니다. 복사할 수는 있습니다.

24시간 열람실
24시간 동안 항상 이용할 수 있습니다.

열람실
지정된 좌석에서 공부할 수 있습니다. 좌석표를 뽑아야 하고 도서관을 나갈 때 반납해야 합니다.

복사실
매점에서 복사 카드를 사서 이용할 수 있고, 평일에는 5시까지 이용할 수 있습니다.

3. 도서관을 이용할 때 문제가 생겼습니다. 도서관 직원과 이야기해 보십시오.

문제	해결 방법
반납 날짜가 많이 지났습니다.	하루에 연체료 100원/연체료를 내면 대출 가능합니다.
대출한 책을 잃어버렸습니다.	같은 책을 구입해 오거나 책값의 1.5배를 현금으로 냅니다.
빌리고 싶은 책이 도서관에 없습니다.	도서관 홈페이지의 '자료구입' 코너를 통해 온라인으로 신청할 수 있습니다.

보기

가 : 반납 날짜가 많이 지났는데요. 어떻게 해야 합니까?
나 : 반납일부터 하루에 100원씩 연체료를 내셔야 합니다. 연체료를 내시면 바로 대출을 할 수 있습니다.

02 도서관에 문의를 하려고 합니다. 이야기해 보십시오.

상황1 대학생	상황2 대학생	상황3 대학원생
• 책을 빌리고 싶습니다. • 도서관에서 공부하고 싶습니다.	• 책을 빌리고 싶습니다. • 노트북을 가지고 와서 숙제를 하고 싶습니다. • 영화를 보고 싶습니다.	• 친구들과 도서관에서 세미나를 하고 싶습니다. • 논문을 복사하고 싶습니다. • 어학 공부를 하고 싶습니다.

보기

가 : 안녕하세요, 책을 빌리고 싶은데 어떻게 해야 해요?

나 : 컴퓨터로 검색해 보고 책을 찾아 가지고 오세요.

가 : 저는 학부생인데, 책은 얼마 동안 몇 권을 빌릴 수 있나요?

나 : 대출 기간은 15일이고 10권까지 빌릴 수 있습니다.

가 : 그리고 도서관 안에서 공부를 하고 싶은데 어디에서 할 수 있어요?

나 : 좌석표를 뽑아 가지고 열람실에 가셔서 하거나 이곳에 빈 자리가 있으면 여기에서 해도 돼요.

가 : 네, 알겠습니다. 감사합니다.

03 도서관에 전화해서 여러 가지 정보를 알아보십시오.

운영 시간　　편의 시설　　대출 기간과 방법　　이용할 수 있는 자료

한강 도서관	하늘 도서관
• 오전 7시~오후 6시까지 운영함. • 일 년 내내 쉬는 날 없음. • 다양한 책과 잡지가 많음. • 도서관 밖으로 대출이 불가능함. • 공부할 수 있는 열람실이 많음. • 식당과 휴게실이 있음. • 직원이 자료에 대한 상담을 해 줌.	• 월~금, 오전 9시~오후 4시까지 운영함. • 대학 수업에 대한 책들이 많음. • 5권씩 2주일 대출할 수 있음. (연체료 500원/1일). • 열람실이 한 개 있음. • 식당은 없음. • 1주일에 한 번씩 영화를 상영함.

정리해 봅시다

여러분은 어떤 도서관을 이용해 봤습니까? 이야기해 보십시오.

02 국제 특급으로 보내면 얼마나 걸릴까요?

학/습/목/표 우체국에서 자주 접하는 상황에 대해 문의를 할 수 있다.

준비해 봅시다

◎ 다음을 듣고 질문에 답하십시오. 20

1. 남자는 무엇을 하려고 합니까?

☐ 편지를 보내려고 합니다. ☐ 소포를 보내려고 합니다.
☐ 우편물을 확인하려고 합니다. ☐ 소포를 포장하려고 합니다.

2. 남자는 무엇을 적어야 합니까? 3개 고르십시오.

☐ 국적 ☐ 이름 ☐ 생년월일 ☐ 전화번호 ☐ 주소

이야기해 봅시다

국제 특급　일반 우편　배편　항공편　저울　무게　상자　크기

_______________ 으로/로 해 주세요.

_______________ 에 따라 _______________

01 우체국에서 대화하고 있습니다.

1. 무엇을 어디로 보내는지 이야기해 보십시오.

보내는 곳	중국	일본	캐나다	
보내는 것	책, 옷	DVD, 책	옷, 신발	

보기

가 : 이 소포를 중국에 보내려고 하는데요.

나 : 안에 뭐가 들었습니까?

가 : 책하고 옷이에요.

2. 보내는 방법과 걸리는 시간을 이야기해 보십시오.

보내는 방법	국제 특급	배편	국내 일반 우편
걸리는 시간	이틀	3~4주일	2~3일

보기

가 : 어떻게 보내실 거예요?

나 : 국제 특급으로 해 주세요. 도착하려면 얼마나 걸릴까요?

가 : 보통 이틀쯤 걸립니다.

3. 다른 질문이 있으면 묻고 대답해 보십시오.

질문	대답		
포장 상자 가격	큰 것 1,270원	중간 것 560원	작은 것 280원
요금	1kg 16,200원	3kg 23,300원	5kg 28,400원
시기	크리스마스나 연말연시에는 보통 때보다 일주일 정도 더 걸립니다.		
내용물	음식물은 시간이 더 걸릴 수 있고, 배달이 안 될 수도 있습니다.		
지역	시간이 더 걸릴 수 있습니다.		

보기

가 : 포장하는 상자는 얼마입니까?

나 : 크기에 따라 다릅니다. 큰 것은 1,270원입니다.

02 우체국에서 소포를 보내려고 합니다. 이야기해 보십시오.

보내는 곳	홍콩	미국	중국
보내는 물건	책	옷과 신발	
보내는 방법	국제 특급	배편	
걸리는 시간	2~3일	1~2달	
무게	2kg	10kg	
요금	23,500원	28,000원	

보기

가 : 어서 오세요.

나 : 이걸 홍콩으로 보내려고 하는데요. 국제 특급으로 보내면 얼마나 걸릴까요?

가 : 2일이나 3일쯤 걸립니다. 그런데 안에 뭐가 들었습니까?

나 : 책이 들었어요.

가 : 이 저울 위에 올려 놓으세요. 무게가 2kg이니까 요금은 23,500원입니다.
이 종이에 성함, 주소, 내용물을 정확하게 적어 주세요.

나 : 네, 알겠습니다.

		일본	홍콩	중국	호주	미국
국제 특급	1kg 미만	15,700	16,000	16,200	22,800	30,000
	3kg 미만	22,200	23,500	23,300	48,000	51,300
	5kg 미만	26,400	29,100	28,400	55,400	68,800
	10kg 미만	36,900	43,100	41,000	80,100	103,800
걸리는 시간		2~3일			2~5일	
국제 배편	2kg 미만	10,000	10,000	10,000	12,000	12,000
	4kg 미만	13,000	13,000	13,000	16,000	16,000
	10kg 미만	22,000	22,000	22,000	28,000	28,000
	20kg 미만	37,000	37,000	37,000	48,000	48,000
걸리는 시간		2~4주			1~2달	

03 해외로 소포를 보내려고 합니다. 위의 표를 보고 이야기해 보십시오.

무엇을		☐ 국제 특급 ☐ 국제 배편
어디로		
무게		
걸리는 시간		
예상 비용		

정리해 봅시다

우체국에 가서 또 어떤 질문을 하겠습니까? 이야기해 보십시오.

제6과

만남

01 인천역까지 어떻게 가요?

02 약속을 지킬 수 없게 됐어요

01 인천역까지 어떻게 가요?

학/습/목/표 약속 장소를 설명할 수 있다.

준비해 봅시다

◎ 다음을 듣고 질문에 답하십시오. 22

1. 미선이는 어디에 가려고 합니까? 쓰십시오.

2. 미선이는 몇 번 버스를 타야 합니까? 쓰십시오.

이야기해 봅시다

정류장 역 건너편 횡단보도 지하도 ___호선

___번 출구 똑바로 건너다 나오다 갈아타다 돌아가다

________________에 가려면 어떻게 해야 해요?

________________다가________________으세요.

________________으면 ________________이/가 보여요.

01 길을 찾아가려고 합니다. 가는 방법을 묻고 이야기해 보십시오.

1. 남대문시장에서 인천역까지 가는 방법을 설명해 보십시오.

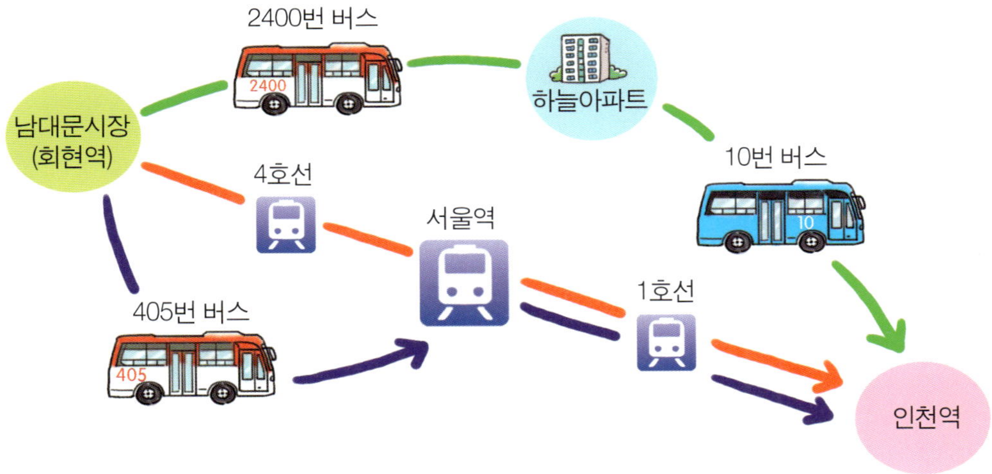

- 남대문시장~인천역 : 회현역에서 4호선-서울역에서 1호선으로 갈아타고 인천역
- 남대문시장~하늘아파트 : 광역버스 2400번 / 하늘아파트~인천역: 간선버스 10번
- 남대문시장~서울역 : 간선버스 405번 / 서울역~인천역: 지하철 1호선

보기

가 : 남대문시장에서 인천역까지 어떻게 가요?

나 : 회현역에서 지하철 4호선을 타고 가다가 서울역에서 1호선으로 갈아타세요.

2. 택시를 타고 가고 있습니다. 내릴 곳을 설명해 보십시오.

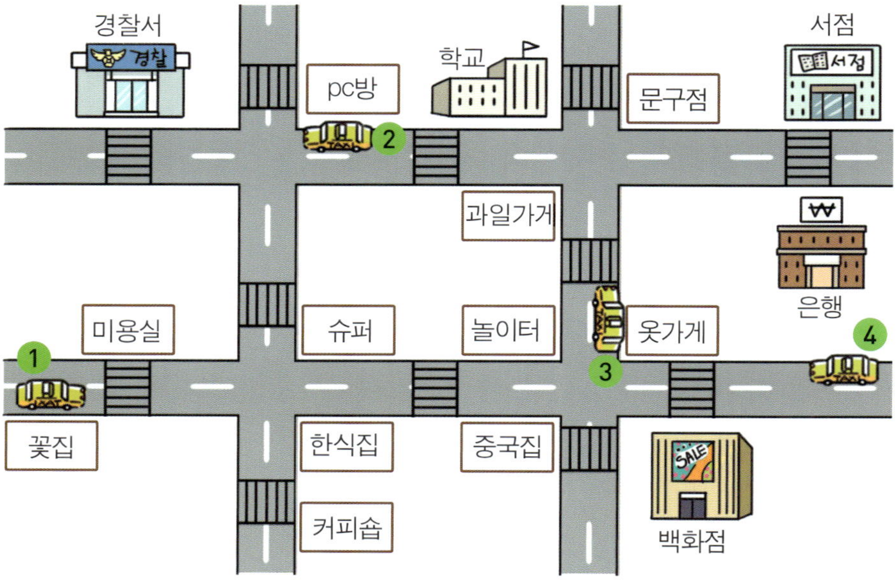

택시 위치	가는 곳
택시 ①	백화점
택시 ②	커피숍
택시 ③	놀이터
택시 ④	

보기

가 : 손님, 어디에 세워 드릴까요?

나 : 백화점 앞에서 세워 주세요. 두 번째 사거리를 지나서 횡단보도 앞에서 세워주세요.

3. 버스 정류장이나 지하철역에서 길을 찾아가는 방법을 설명해 보십시오.

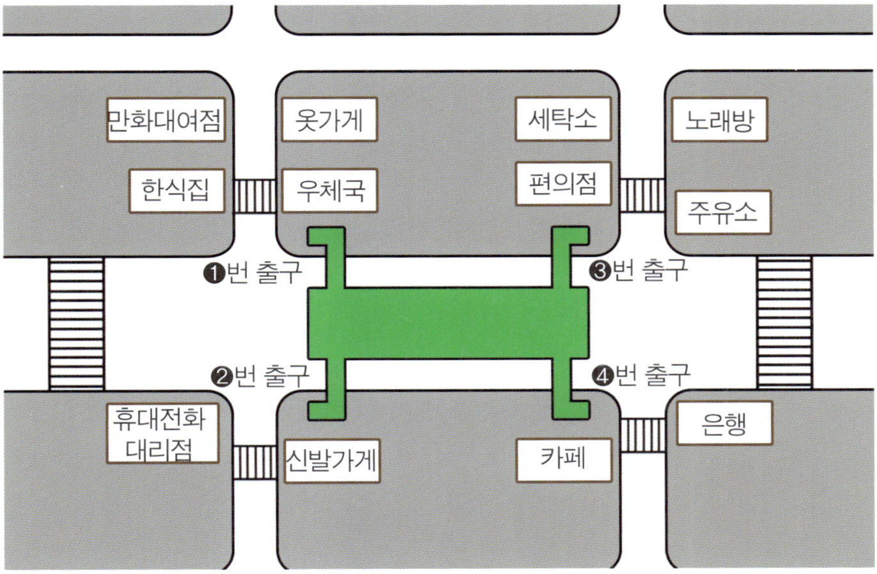

가는 곳
휴대전화 대리점
은행
옷가게

보기
가 : 한강역에 내려서 휴대전화 대리점에 가려면 어떻게 가야 해요?
나 : 2번 출구로 나와서 조금 가면 신발가게가 있는데 그 맞은편에 있어요.

02 친구와 약속 장소를 정하고 오는 길을 알려 주십시오.

목적	조 모임	전시장 관람	생일 파티
장소	세미나 카페	일산 종합전시장	우리 집
시간	금요일 3시	일요일 1시	토요일 저녁 6시
방법	1호선 ▼ 2호선 (시청역) ▼ 이대입구역 ▼ 1번 출구 ▼ 200미터 ▼ 은행 3층	종로 정류장 ▼ 109번 버스 ▼ 광화문 ▼ 1000번 ▼ 일산 종합전시장 ▼ 전시장 입구	4호선 ▼ 2호선 (사당역) ▼ 홍대입구역 ▼ 2번 출구 ▼ 06번 마을버스 ▼ 한국 아파트 앞 ▼ 301동 605호

보기

가 : 미선 씨, 이번 주 금요일에 조 모임을 저희 집 근처에 있는 세미나 카페에서 하려고 하는데 어때요?

나 : 좋아요. 그런데 거기까지 어떻게 가야 돼요?

가 : 여기에서 1호선을 타고 가다가 시청역에서 2호선으로 갈아타세요.

나 : 어느 역에서 내려요?

가 : 이대입구역에서 내리세요. 1번 출구로 나가서 약 200미터쯤 똑바로 가면 은행이 보이는데 은행 건물 3층이에요.

나 : 네, 알았어요. 몇 시까지 가면 돼요?

가 : 오후 3시까지 오세요. 혹시 찾기 어려우면 저한테 전화하세요.

나 : 알았어요. 그럼 그 때 만나요.

03 친구를 초대해 봅시다. 약도를 그리고 찾아오는 방법과 집의 위치를 설명해 보십시오.

〈약도 그리는 곳〉

정리해 봅시다

친구의 설명을 듣고 친구의 집을 찾아갈 수 있겠습니까? 이해 안 되는 것이 있으면 질문해 보십시오.

02 약속을 지킬 수 없게 됐어요

학/습/목/표 약속을 바꾸거나 취소할 수 있다.

준비해 봅시다

◎ 다음을 듣고 질문에 답하십시오. 24

1. 남자는 왜 전화를 했습니까?

- [ ] 약속을 취소하고 싶어서
- [ ] 약속 시간을 알고 싶어서
- [ ] 약속 시간을 바꾸고 싶어서
- [ ] 약속 장소를 바꾸고 싶어서

2. 전화 연락이 안 되는 사람은 누구입니까?

- [ ] 밍밍
- [ ] 영수
- [ ] 제임스
- [ ] 민철

이야기해 봅시다

약속이 겹치다 약속을 미루다 지키다 취소하다 시간이 지나다

________________어서 ________________게 됐어요.

________________________________는다고 해요.

01 약속을 취소하고 다시 정하는 대화를 만들어 보십시오.

1. 약속을 취소하는 이유를 이야기해 보십시오.

이유	결과
급한 일이 생겼다.	약속을 지킬 수 없다.
감기가 심하다.	이사를 도와줄 수 없다.

보기

가 : 미선 씨, 정말 미안해요. 갑자기 급한 일이 생겨서 약속을 지킬 수 없게 됐어요.
나 : 그래요? 괜찮아요. 다음에 만나면 되지요, 뭐.

2. 친구가 모임에 오지 못한다고 합니다. 친구가 왜 오지 못하는지 다른 사람에게 이야기해 보십시오.

보기
가 : 내일 모임 시간을 바꿔야 할 것 같아요.
나 : 왜요?
가 : 밍밍 씨가 고향에서 부모님이 오셔서 내일 모임에 올 수 없다고 전화했어요.

3. 다시 약속을 정해 보십시오.

날짜	이유
수요일	수요일에 모두 수업이 없다.
주말 오후	평일엔 모두 바쁘고 주말에는 한가하다.

보기
가 : 그럼 모임 날짜를 언제로 정하는 게 좋을까요?
나 : 모두 수요일에 수업이 없다고 하니까 수요일에 모이는 게 어때요?
가 : 좋아요. 그럼 오늘 친구들에게 연락합시다.

02 일이 생겨서 약속을 지킬 수 없게 되었습니다. 다시 약속을 해 보십시오.

상황1

내일 조 모임이 있다.

- 수진이가 병원 예약이 있다.
- 웨이가 출입국관리사무소에 가야 한다.

상황2

친구들과 영화를 보기로 했다.

- 예매를 못했다.
- 영수는 여자친구와 데이트 약속 시간이 겹쳤다.

상황3

친구들과 주말에 여행을 가기로 했다.

- 주말에 비가 온다고 한다.
- 가려고 했던 콘도에 빈 방이 없다.

보기

가 : 내일 조 모임을 하기 어려울 것 같아요.

나 : 아니, 왜?

가 : 수진이가 내일 병원 예약이 있는 걸 잊고 있었다고 해요.

나 : 그랬구나. 하지만 수진이가 없어도 조 모임을 할 수 있지 않아?

가 : 그런데 웨이도 내일 출입국관리사무소에 가야 해서 오기 힘들 거라고 했어요.

나 : 그래? 그럼 내일은 모이기 힘들겠구나. 내일 모임을 어떻게 하면 좋을지 모두에게 연락해 보자.

가 : 네, 제가 전화할게요.

나 : 그래, 고맙다. 그리고 맡은 일을 잘 준비하라고 전해 줘.

03 약속이 겹쳐서 약속을 바꿔야 합니다. 어떤 약속이 겹쳤습니까? 친구와 함께 이야기해 보십시오.

모임

조 모임	데이트	수업 발표	
가족 모임	신입생 환영회		

정리해 봅시다

약속을 바꾸거나 취소해 본 적이 있습니까? 이야기해 보십시오.

제7과

일상생활

01 드라이클리닝 좀 해 주세요

02 가방을 잃어버렸는데요

01 드라이클리닝 좀 해 주세요

학/습/목/표 편의 시설과 관련된 문의 및 요청을 할 수 있다.

준비해 봅시다

◎ 다음을 듣고 질문에 답하십시오. 26

1. 여기는 어디입니까?

- ☐ 편의점
- ☐ 옷가게
- ☐ 세탁소
- ☐ 관리실

2. 여자는 왜 여기에 왔습니까? 2개 고르십시오.

- ☐ 옷을 늘리려고 왔습니다.
- ☐ 옷을 줄이려고 왔습니다.
- ☐ 드라이클리닝을 부탁하려고 왔습니다.
- ☐ 다림질을 부탁하려고 왔습니다.

이야기해 봅시다

드라이클리닝 다림질 늘이다 줄이다 구두를 닦다
굽을 갈다 염색 드라이 파마 다듬다

__________는데 __________어서요.

__________는 대로 __________

01 세탁소, 미용실, 구두 수선소에서 이야기를 하고 있습니다.

1. 세탁소에서 가서 어떤 일을 부탁하겠습니까? 이야기해 보십시오.

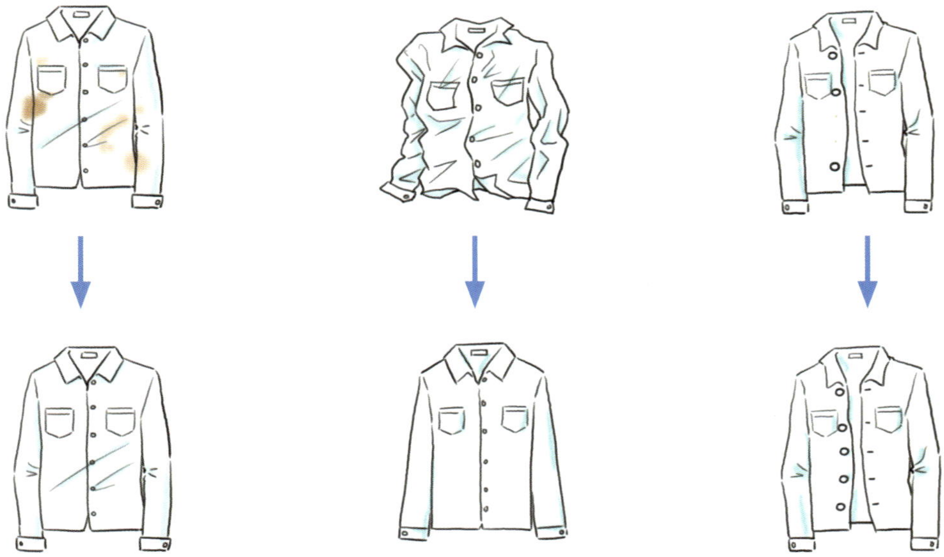

보기

가 : 어서 오십시오.

나 : 저, 이 셔츠 드라이클리닝 좀 해 주세요. 언제 돼요?

가 : 내일 저녁 때 찾으러 오세요.

2. 구두 수선소에 가서 어떤 일을 부탁하겠습니까? 이야기해 보십시오.

보기
가 : 아저씨, 구두 굽 좀 갈아 주세요.
나 : 네, 먼저 오신 손님 끝나는 대로 해 드리겠습니다. 잠깐만 기다리세요.

3. 미용실에 가서 머리를 어떻게 하고 싶은지 이야기해 보십시오.

보기
가 : 어서 오세요.
나 : 머리를 좀 자르려고 하는데요.
가 : 어떻게 잘라 드릴까요?
나 : 비슷한 모양으로 다듬어 주세요.

02 편의시설의 서비스가 마음에 들지 않습니다. 이야기해 보십시오.

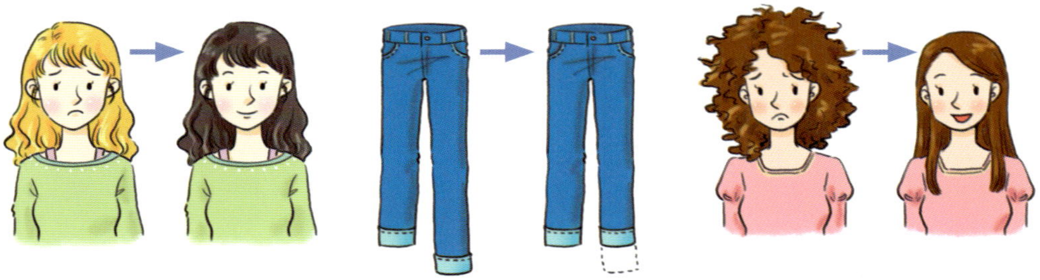

보기

가 : 어서 오십시오.
나 : 지난번에 염색을 했는데 색깔이 너무 밝아서요.
가 : 그래요? 그럼 어떻게 해 드릴까요?
나 : 좀 어두운 색으로 다시 염색해 주세요.
가 : 네, 알겠습니다. 잠시만 기다리십시오.
나 : 그런데, 많이 기다려야 하나요?
가 : 금방 돼요. 먼저 오신 손님 끝나는 대로 해 드리겠습니다.
나 : 네, 고맙습니다.

03 미용실과 세탁소에 가려고 합니다. 부탁할 내용을 메모하고 이야기해 보십시오.

머리 모양을 어떻게 바꾸고 싶습니까?	
옷을 어떻게 수선하고 싶습니까?	

정리해 봅시다

여러분은 미용실, 세탁소, 구두 수선소 중에서 어느 편의 시설을 자주 이용합니까? 그 편의 시설을 이용할 때 불편한 것은 없었습니까? 친구들과 이야기해 보십시오.

02 가방을 잃어버렸는데요

학/습/목/표 잃어버린 물건에 대해 설명할 수 있다.

준비해 봅시다

◎ 다음을 듣고 질문에 답하십시오. 28

1. 남자에게 생긴 문제는 무엇입니까? 쓰십시오.

____

2. 문제를 어떻게 해결해야 합니까? 2개 고르십시오.

- ☐ 분실물 센터에 확인한다.
- ☐ 경찰서에 문의한다.
- ☐ 자기가 앉았던 자리를 확인한다.
- ☐ 관리실에 문의한다.

이야기해 봅시다

관리실　　분실물　　놓고 오다　　신고하다　　잃어버리다

__________________는데도 ____________________________

____________________는데 ____________________어 있어요.

01 물건을 잃어버렸습니다. 어떻게 이야기할까요?

1. 물건을 잃어버려서 관리실에 갔습니다. 이야기해 보십시오.

잃어버린 것	찾기 위해 한 일
책, 우산, 모자, 전자사전, 디지털카메라, 외국인등록증, 휴대전화	교실에 가 봤습니다. 에어컨 뒤까지 찾아 봤습니다. 냉장고 안까지 찾아 봤습니다. 2층 교실을 다 찾아 봤습니다. 방 안을 다 찾아 봤습니다. 주머니 속을 다 찾아 봤습니다. 가방 속을 다 찾아 봤습니다. 여러 번 전화를 걸어 봤습니다.

보기

가 : 아저씨, 어제 책을 잃어버렸어요.

나 : 어디서 잃어버렸어요?

가 : 교실에서요. 아까 교실에 가서 찾아 봤는데도 없었어요.

2. 잃어버린 물건을 설명해 보십시오.

보기

가 : 뭘 잃어버렸어요?

나 : 녹색 공책인데 커피잔하고 초콜릿 과자가 그려져 있어요.

3. 물건을 어떻게 잃어버리게 되었는지 설명해 보십시오.

보기

가 : 물건을 어떻게 잃어버렸어요?

나 : 어제 교실에서 친구하고 이야기하다가 깜빡 잊고 옆 자리에 놓고 온 것 같아요.

02 분실물센터에 가서 잃어버린 물건에 대해 이야기해 보십시오.

3층 열람실

식당

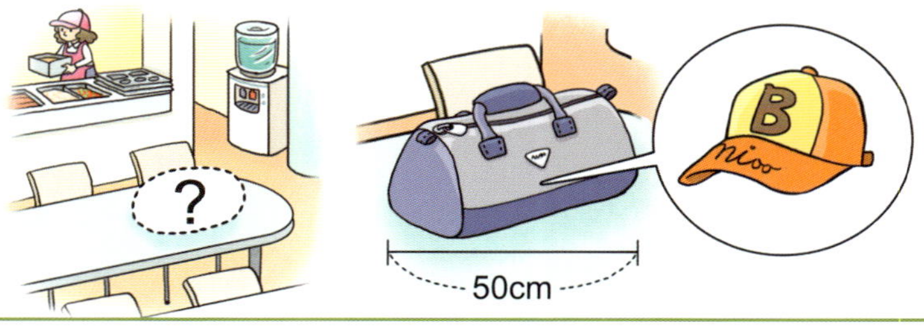

기숙사 로비

보기

가 : 가방을 잃어 버렸는데요. 어제 3층 열람실에다가 놓고 간 것 같아요.

나 : 가방이 어떻게 생겼어요?

가 : 어깨에 메는 배낭인데 크기는 좀 작고 곰 인형이 달려 있어요.

나 : 안에 뭐가 들었어요?

가 : 헤드폰이 들어 있는데 귀 부분에 별무늬가 있어요.

나 : 그런 물건 들어온 게 없어요. 앉았던 자리는 확인해 봤어요?

가 : 네, 옆자리까지 다 찾아 봤는데도 없었어요.

나 : 찾으면 연락드리겠습니다. 여기에다가 전화번호를 적어 놓고 가세요.

03 우리 반 친구들이 가지고 있는 지갑이나 휴대전화를 모두 모으십시오. 그 물건을 여러분이 잃어버렸습니다. 설명해서 찾아보십시오.

정리해 봅시다

지하철이나 버스에서 물건을 잃어버렸을 때 어떻게 합니까? 다른 곳에서 물건을 잃어버렸을 때 어떻게 합니까? 이야기해 보십시오.

제8과

공공시설

01 머리가 아픈 데다가 소화도 안 돼요

학/습/목/표 병원에 가서 증세를 설명할 수 있다.

준비해 봅시다

◎ 다음을 듣고 질문에 답하십시오. 30

1. 누구와 누구의 대화입니까?

☐ 선생님–학생 ☐ 의사–환자 ☐ 환자–간호사 ☐ 의사–간호사

2. 여자는 어떤 증세가 있습니까? 2개 고르십시오.

☐ 배가 아픕니다. ☐ 토합니다.
☐ 머리가 아픕니다. ☐ 설사를 합니다.

이야기해 봅시다

기침　설사　소화　콧물　토하다　어지럽다　넘어지다
떨어지다　미끄러지다　부딪치다　삐다　가렵다　붓다

__________는 데다가 __________

__________어요. __________고요.

__________을 테니까 __________으세요.

01 아플 때 어떻게 말할까요? 이야기해 보십시오.

1. 의사 선생님께 어디가 아픈지 이야기해 보십시오.

증세

- [ ] 배가 아픕니다.
- [x] 소화가 안 됩니다.
- [ ] 설사를 합니다.
- [ ] 토합니다.
- [ ] 기침을 합니다.
- [ ] 열이 납니다.
- [x] 콧물이 납니다.
- [ ] 코가 막힙니다.
- [ ] 머리가 아픕니다.
- [ ] 어지럽습니다.

보기
가 : 어디가 불편하세요?
나 : 머리가 아픈 데다가 소화도 안 돼요.

2. 어떻게 다쳤는지 의사 선생님께 설명해 보십시오.

보기
가 : 어떻게 하다가 다치셨어요?
나 : 축구를 하다가 넘어졌어요.

3. 의사 선생님은 아픈 사람에게 어떤 처방을 합니까? 이야기해 보십시오.

처방		
• 처방전을 써 줍니다.	• 주사를 놓아 줍니다.	• 물리치료를 해 줍니다.

보기
가 : 머리가 아픈 데다가 소화도 안 돼요.
나 : 처방전을 써 드릴 테니까 약을 드시고 푹 쉬세요.

02 병원에 가서 의사 선생님께 증세도 설명하고 조심할 것을 물어보려고 합니다. 이야기해 보십시오.

보기

가 : 어디가 불편해서 오셨어요?

나 : 기침을 해요. 열도 나고요.

가 : 언제부터 그런 증세가 있었나요?

나 : 어제 아침부터 그랬는데 오늘 더 심해졌어요.

가 : 처방전을 써 드릴 테니까 약을 드시고 푹 쉬세요.

나 : 저, 열이 날 때 목욕을 해도 돼요?

가 : 가벼운 샤워는 괜찮지만 물에 들어가는 목욕은 좋지 않습니다.

나 : 네, 알겠습니다. 안녕히 계세요.

03 여러분이 병원에 갔습니다. 증세를 설명하고 처방을 받으십시오.

아픈 곳	
증세	
이유	
처방	

정리해 봅시다

아파서 병원에 간 적이 있습니까? 이야기해 보십시오.

02 농구 교실을 신청하려고 하는데요

학/습/목/표 조건을 확인하고 문화센터 강좌를 신청할 수 있다.

준비해 봅시다

◎ 다음을 듣고 질문에 답하십시오. 32

1. 무엇에 대해서 이야기하고 있습니까?

   ☐ 문화센터 강좌　☐ 요리 강좌　☐ 노래 교실　☐ 운동 프로그램

2. 남자가 알고 싶은 것은 무엇입니까? 2개 고르십시오.

   ☐ 강좌의 종류　☐ 수강 대상　☐ 수강료　☐ 학생 할인

이야기해 봅시다

강좌 수강료 연기 연장 특강 마감 휴관일

____________________어야 ____________________

________________________________는 편이네요.

01 문화센터에서 강좌에 대해서 알고 싶습니다. 이야기해 보십시오.

1 아래 강좌 시간표를 보고 이야기해 보십시오.

강좌 시간표

강좌명		요일	시간	수강료
수영	아침반	월~금	7:00~8:00	60,000 원
	저녁반	화, 목	20:00~22:00 (2시간)	40,000 원
노래 교실		월, 금	12:00~13:00	30,000 원
요리 교실		월, 금	13:00~15:00	100,000 원
축구 교실		월,수,금	7:00~8:00	40,000 원
농구 교실		화,목,토	18:30~20:00	40,000 원

보기

가 : 농구 교실을 신청하려고 하는데 수강료가 얼마예요?
나 : 4만 원입니다.
가 : 언제 강좌가 있어요?
나 : 화, 목, 토 오후 6시 반부터 8시까지입니다.

2. 강좌를 신청하려면 어떤 것을 알아야 할까요? 이야기해 보십시오.

원하는 것/알고 싶은 것	조건
학생 할인	학생증
수영 고급반 신청	중급을 끝낸 사람
노래 교실 신청	50세 이상
강좌 연기	강좌 시작 전
신청 취소	수업 시작 후 일주일 이내

보기

가 : 학생 할인을 받고 싶은데요.

나 : 학생증을 가지고 오셔야 학생 할인을 받으실 수 있습니다.

3. 직원에게 들은 내용이 어떻습니까? 이야기해 보십시오.

수강 인원	60명
수강료	10만 원
수업 시간	2시간
시작 시간	오전 7시
셔틀버스 배차 시간	15분

보기

가 : 몇 명이 수업을 들어요?

나 : 수강 인원은 60명이에요.

가 : 수강 인원이 좀 많은 편이네요.

02 문화센터 방학 특강을 들으려고 합니다. 이야기해 보십시오.

문화센터 방학 특강시간표

강좌명		요일	시간	수강료	대상	수강 인원	비고
수영	아침반	월~금	7:00~8:00	60,000	성인, 고급 (중급 끝낸 사람)	20명	
	저녁반	화, 목*	20:00~22:00 (2시간)	40,000	성인, 초급	20명	
다이어트 요가 교실		월,수,금	12:00~13:00	70,000	여성	20명	
요리 교실		월, 금	13:00~15:00	100,000	성인	15명	재료비* 포함
축구 교실		월,수,금	7:00~8:00	40,000	누구나	60명	
농구 교실		화,목,토	18:30~20:00	40,000	성인, 청소년	30명	마감

보기

가 : 농구 교실을 신청하려고 하는데요.
나 : 농구 교실은 마감됐습니다. 인기가 많아서 일찍 오셔야 신청하실 수 있어요.
가 : 그래요? 그럼 축구 교실은 신청할 수 있나요?
나 : 네, 축구 교실은 자리가 남았어요.
가 : 그럼, 축구 교실로 할게요. 그런데 축구 교실은 몇 명이 강좌를 들어요?
나 : 수강 인원은 60명이에요.
가 : 수강 인원이 좀 많은 편이네요.
나 : 운동장에서 수업을 해서 그래요.

03 운동을 하려고 합니다. 체육관에 전화해서 알고 싶은 정보를 알아보십시오.

학생회관 체육관 이용 안내

이용료	한 달에 5만 원
운동복	×
이용시간	6:00~20:00
휴관일	매달 21일
개인사물함	무료
주차장	○
사우나	×
셔틀버스	×

문화센터 체육관 이용 안내

이용료	한 달에 8만 원
운동복	○
이용시간	6:00~22:00
휴관일	매주 화요일
개인사물함	한 달에 만 원
주차장	○
사우나	○
셔틀버스	○

정리해 봅시다

문화센터 강좌 중에서 듣고 싶은 강좌가 있습니까? 이야기해 보십시오.

제9과

취미

01 일주일에 두세 번 정도 등산을 해요

02 한국 전통문화를 좀 배우고 싶은데요

01 일주일에 두세 번 정도 등산을 해요

학/습/목/표 취미를 설명할 수 있다.

준비해 봅시다

◎ 다음을 듣고 질문에 답하십시오. 34

1. 미선이와 웨이의 취미는 각각 무엇입니까? 쓰십시오.

   미선 : ________________________

   웨이 : ________________________

2. 웨이는 인형을 어떻게 모았습니까? 모두 고르십시오.

   - [ ] 샀다.
   - [ ] 친구와 바꿨다.
   - [ ] 선물로 받았다.
   - [ ] 탁구장에서 받았다.

이야기해 봅시다

동전　　바둑　　장기　　낚시　　모으다　　수집하다　　두다

____네요.

____거든요.

01 친구와 취미에 대해서 이야기하려고 합니다.

1. 친구의 취미를 알아보십시오.

이름	취미	얼마나 자주	언제부터
웨이	테니스	일주일 3~4번	10살때부터

보기

가 : 웨이 씨, 취미가 뭐예요?
나 : 테니스 치는 걸 좋아해요.
가 : 언제부터 테니스를 치기 시작했어요?
나 : 10살 때부터요. 처음에는 부모님이 시켜서 치기 시작했어요.
가 : 테니스를 자주 치세요?
나 : 일주일에 세네 번 정도 쳐요.

2. 다음 취미 활동의 좋은 점과 나쁜 점을 이야기해 보십시오.

취미	좋은 점	나쁜 점
테니스	재미있다. 건강에 도움이 된다.	같이 칠 사람이 있어야 한다.
요리		
바둑		
그림		

보기

가 : 저도 테니스를 좀 배워 보려고 하는데 테니스 치는 건 어때요?

나 : 재미도 있고 건강에도 도움이 돼요. 그런데 같이 칠 사람이 있어야 칠 수 있기 때문에 혼자 즐길 수는 없어요.

3. 다음 취미 활동을 할 때 조심할 것에 대해서 이야기해 보십시오.

취미	조심할 것/알아둘 것	이유
등산	내려올 때 천천히 내려온다.	무릎을 다칠 수 있다.
요리	좋은 재료를 고른다.	재료가 좋아야 맛이 좋다.
자전거	자전거 도로에서 탄다.	

보기

가 : 등산을 할 때 조심할 건 없어요?

나 : 내려올 때 천천히 내려와야 돼요. 무릎을 다칠 수 있거든요.

02 여러분의 취미에 대해 〈보기〉와 같이 이야기해 보십시오.

취미	등산	
얼마나 자주	일주일에 2~3번	
좋은 점	좋은 운동이다. 등산을 한 후에 기분이 상쾌해진다.	
나쁜 점	날씨가 나쁘면 할 수 없다.	
조심할 것 /알아둘 것	내려올 때 천천히 내려온다.	

보기

가 : 취미가 뭐예요?

나 : 등산하는 걸 좋아해요.

가 : 등산을 자주 하세요?

나 : 일주일에 두세 번 정도 해요.
가 : 자주 하시는데, 등산하는 거 어때요?
나 : 좋은 운동이에요. 등산을 한 후에 기분이 정말 상쾌해져요. 그런데 비나 눈이 오면 할 수 없는 게 단점이라고 할 수 있어요.
가 : 그래요? 그래도 돈도 안 들고 좋은 것 같아요. 근데, 등산을 할 때 조심할 건 없어요?
나 : 내려올 때 천천히 내려와야 해요. 무릎을 다칠 수 있거든요.

03 여러분이 해 보고 싶은 취미 활동이 있습니까? 반 친구에게 그 취미 활동에 대해서 질문해 보십시오.

해 보고 싶은 취미 활동	물어보고 싶은 것
산악 자전거 타기	• 처음 타는 사람은 어떤 자전거를 타면 좋아요? • 근처에 산악 자전거를 타기에 좋은 곳이 있어요?
	• • •

정리해 봅시다

우리반 친구들은 어떤 취미 활동을 하고 있습니까? 친구들의 발표를 듣고 정리해 보십시오.

가장 열심히 취미 활동을 하는 친구 : ____________________

특별한 취미 활동을 하는 친구 : ____________________

취미 활동에 돈을 많이 쓰는 친구 : ____________________

02 한국 전통문화를 좀 배우고 싶은데요

학/습/목/표 취미 활동을 추천할 수 있다.

준비해 봅시다

◎ 다음을 듣고 질문에 답하십시오. 36

1. 여자는 남자에게 무엇에 대해 질문하고 있습니까?

☐ 영화 감상 ☐ 음악 감상 ☐ 스키 타기 ☐ 취미 활동

2. 남자는 여자에게 왜 그것을 추천했습니까? 쓰십시오.

____

이야기해 봅시다

가야금 사물놀이 판소리 전통 무용 씨름 전통 무술 택견 스쿼시 에어로빅

________________________는대요.

__________는다고 하던데 __________

01 친구에게 취미 활동을 추천하려고 합니다.

1. 친구에게 어떤 취미 활동을 추천하겠습니까? 이야기해 보십시오.

전통문화	태권도, 씨름, 택견, 판소리, 사물놀이, 가야금, …
운동	축구, 농구, 달리기, 탁구, 스쿼시, 요가 ,…
춤	재즈댄스, 탭댄스, 에어로빅, 전통무용, …

보기

가 : 한국 전통문화를 좀 배우고 싶은데 뭘 배우면 좋을까요?
나 : 사물놀이를 배워 보세요.
가 : 악기는 별로 안 좋아하는데요.
나 : 그럼 태권도를 배우는 건 어때요? 운동도 되고 좋아요.

2. 친구에게 아래에 있는 취미를 추천하는 이유를 설명해 보십시오.

보기

가 : 태권도를 배우고 싶은데 태권도를 하면 뭐가 좋은지 아세요?
나 : 태권도를 배우면 한국의 전통 예절을 배울 수 있다고 하던데 한번 배워 보세요.
그리고 태권도는 다이어트 효과도 있는 좋은 운동이래요.

3. 친구에게 취미 활동에 필요한 시간과 비용을 이야기해 보십시오.

취미 활동	시간		비용
	기본	잘 하려면	
태권도	3개월	1 년	한 달에 7만 원
요가	3개월	2년 이상	한 달에 5만 원
바이올린	6개월	2년 이상	한 달에 10만 원

보기

가 : 그런데 태권도는 얼마나 하면 잘 할 수 있어요?

나 : 1년 이상 배워야 하지만 3개월쯤 배우면 어느 정도 할 수 있대요.

가 : 태권도를 배우려면 비용이 많이 들지 않나요?

나 : 한 달에 7만 원 정도 들어요.

02 한국의 전통문화를 배우고 싶어하는 친구에게 어떤 취미 활동을 추천하면 좋을까요? 이야기해 보십시오.

	 태권도	 사물놀이	 전통춤
좋은 점	• 다이어트 효과가 있는 좋은 운동이다. • 한국전통예절을 배울 수 있다.	• 신나는 악기 연주로 스트레스를 풀 수 있다. • 악기를 빌려서 할 수 있다.	• 춤과 함께 전통 음악과 노래를 배운다. • 아름다운 전통 의상을 입을 수 있다.
걸리는 시간	3개월	2개월	6개월
비용	1개월에 7만 원	1개월에 8만 원	1개월에 10만 원

보기

가 : 저, 한국 전통문화를 좀 배우고 싶은데 뭘 하면 좋을까요?
나 : 태권도를 하면 한국의 전통 예절을 배울 수 있다고 하던데 태권도를 배워 보세요.
가 : 그래요? 한번 배워 봐야겠는데요.
나 : 그리고 태권도는 다이어트 효과도 있는 좋은 운동이래요.
가 : 그런데 태권도는 얼마나 하면 잘 할 수 있어요?
나 : 1년 이상 배워야 하지만 3개월쯤 배우면 어느 정도 할 수 있대요.
가 : 태권도를 배우려면 비용이 많이 들지 않나요?
나 : 한 달에 7만 원 정도 들어요.

03 친구에게 추천하고 싶은 취미 활동에 대해 이야기해 보십시오.

추천하는 취미 활동	이유

정리해 봅시다

친구가 추천한 취미 활동 중에서 해 보고 싶은 것이 있습니까? 왜 해 보고 싶은지 이야기해 보십시오.

제 10 과

문화생활

01 외국인이 볼 만한 한국 영화가 있어요?

02 그 영화가 아주 감동적이던데요

01 외국인이 볼 만한 한국 영화가 있어요?

학/습/목/표 TV프로그램이나 영화를 추천할 수 있다.

준비해 봅시다

◎ 다음을 듣고 질문에 답하십시오. 38

1. 무엇에 대해 이야기하고 있습니까?

☐ 여자 친구 ☐ 뮤지컬 ☐ 노래 ☐ 춤

2. 여자가 본 것은 어땠습니까?

☐ 신납니다. ☐ 그저 그렇습니다. ☐ 괜찮은 편입니다. ☐ 별로입니다.

이야기해 봅시다

공연 국악 드라마 뮤지컬 오케스트라 평점 관람 연령 관람 요금 자막 좌석

____________________을 만한 ____________________

____을걸요.

01 영화나 TV 프로그램을 보려고 합니다. 친구에게 추천을 부탁해 보십시오.

1. 영화나 TV 프로그램에 대해서 물어 보려고 합니다. 이야기해 보십시오.

외국인이 보다	영화	말아톤
여자 친구와 같이 보다	TV 프로그램	
가족과 같이 보다	드라마	
한국말 공부에 도움이 되다	영화	

보기
가 : 요즘 외국인이 볼 만한 한국 영화가 있어요?
나 : '말아톤'이 내용이 쉬워서 괜찮을 거예요.

2 그 영화나 TV 프로그램을 왜 추천합니까? 이유를 이야기해 보십시오.

	제목	추천 이유
영화	말아톤	감동적이다, 평점이 높다
TV 프로그램		
드라마		
영화		

보기
가 : '말아톤'은 내용이 어떤데요?
나 : 저는 못 봤는데 아주 감동적이래요. 평점도 높아요.

3. 영화나 공연을 보려면 또 무엇을 알아야 합니까? 이야기해 보십시오.

예매	좌석 선택	학생 할인
자막	관람 연령	관람 요금

보기

가 : 주말에 영화를 볼 건데 예매를 해야 할까요?
나 : 주말에는 예매해야 할걸요.
가 : 예매할 때 좌석 선택도 할 수 있나요?
나 : 아마 할 수 있을 거예요.

02 영화나 TV 프로그램에 대해 표를 채우고 〈보기〉와 같이 대화를 만드십시오.

종류	제목	추천 이유	확인할 것
영화	말아톤	쉽다, 감동적이다	예매, 자막
드라마			
공연			

보기

가 : 요즘 외국인이 볼 만한 한국 영화가 있어요?
나 : '말아톤'이 내용이 쉬워서 괜찮을 거예요.
가 : '말아톤'은 내용이 어떤데요?
나 : 저는 못 봤는데 아주 감동적이래요. 평점도 높아요.
가 : 주말에 볼 건데 예매를 해야 할까요?
나 : 예매해야 할걸요.
가 : 저는 한국말을 잘 못하는데 자막이 있을까요?
나 : 없을 거예요. 자막은 DVD에만 있는 것 같아요.

03 친구가 이번 주말에 공연을 보려고 합니다. 공연 기사를 보고 친구에게 추천해 보십시오.

국악 & 오케스트라 『함께』

서울시가 시민들을 위한 특별 공연을 준비했다. 오케스트라와 한국 전통악기가 함께 연주하는 공연으로, 전통악기와 서양악기가 만나 또 다른 음악을 만들어낸다. 입장료는 만 원이고, 인터넷 예매만 받는다.

신나는 '난타' 인천에 오다

서울에서만 즐길 수 있던 난타가 다음 달부터 인천 시민 극장에서도 공연된다. 난타 공연은 한국뿐만 아니라 세계 여러 나라에서 사랑받고 있는 공연으로 요리사들이 부엌에서 칼과 그릇으로 멋진 소리를 만든다.

정리해 봅시다

여러분이 추천하고 싶은 공연이나 영화가 있으면 이야기해 보십시오.

02 그 영화가 아주 감동적이던데요

학/습/목/표 TV 프로그램이나 영화를 본 후에 감상을 이야기할 수 있다.

준비해 봅시다

◎ 다음을 듣고 질문에 답하십시오. 40

1. 무엇에 대해서 이야기하고 있습니까?

- ☐ 공부 방법
- ☐ 드라마
- ☐ 학교
- ☐ 수업 내용

2. '공부의 신'에 대한 설명으로 맞지 <u>않는</u> 것을 고르십시오.

- ☐ 요즘 TV에서 하고 있다.
- ☐ 내용이 좀 지루하다.
- ☐ 학교 이야기이다.
- ☐ 배우들이 연기를 잘 한다.

이야기해 봅시다

감동적이다 신나다 우울하다 인상적이다 환상적이다
대사 배경음악 배우 연기 장면 주인공

____________________던데요.

01 여러분이 본 영화나 TV 프로그램에 대해서 이야기해 보십시오.

1. 영화나 TV 프로그램의 느낌에 대해서 이야기해 보십시오.

	제목	느낌
영화	말아톤	감동적이다.
TV 프로그램		
뮤지컬		
드라마		
영화		

보기

가 : 주말에 뭘 했어요?
나 : 영화 '말아톤'을 봤어요.
가 : 그래요? 그 영화 어땠어요?
나 : 아주 감동적이던데요.

2. 여러분이 본 영화나 TV 프로그램의 내용에 대해 간단하게 이야기해 보십시오.

보기

가 : '말아톤'은 어떤 이야기예요?
나 : 몸이 불편한 아들이 엄마의 노력으로 마라톤을 하게 되는 내용이에요.

3. 여러분이 본 영화나 TV프로그램의 가장 인상적인 장면, 배우의 연기 등에 대해 이야기해 보십시오.

보기

가 : 배우들의 연기가 어땠어요?

나 : 연기가 아주 좋았어요. 하지만 남자 주인공 연기가 여자 주인공 연기만 못하던데요.

가 : 어느 장면이 제일 좋았어요?

나 : 주인공이 비오는 날 운동장에서 달리는 장면이 인상적이었어요.

02 친구와 같이 영화나 공연을 본 후에 인상적인 장면에 대해 이야기하려고 합니다. 〈보기〉와 같이 대화를 만드십시오.

보기

가 : 주말에 뭘 했어요?

나 : 영화 '말아톤'을 봤어요. 아주 감동적이던데요.

가 : '말아톤'은 어떤 이야기예요?

나 : 몸이 불편한 아들이 엄마의 노력으로 마라톤을 하게 되는 내용이에요.

가 : 배우들의 연기가 어땠어요?

나 : 연기가 아주 좋았어요. 하지만 남자 주인공 연기가 여자 주인공 연기만 못하던데요.

가 : 어느 장면이 제일 좋았어요?

나 : 주인공이 비오는 날 운동장에서 달리는 장면이 인상적이었어요.

03 반 친구 중에서 같은 영화나 공연을 본 친구가 있습니까? 그 친구와 같이 본 영화나 공연에 대해서 이야기해 보십시오.

제목	
내용	
배우들의 연기	
인상적인 장면	

정리해 봅시다

친구들이 발표한 영화나 공연 중에서 보고 싶은 것이 있습니까? 어느 것이 왜 보고 싶은지 이야기해 보십시오.

부록

듣기 지문

제1과 대학생활

01

02

남자 : 안녕하세요? 저는 12(일이)학번 사학과 신입생 왕웨이입니다. 만나게 돼서 반갑습니다. 여기에 계신 친구들과 선배님들이 모두 좋은 분들이신 것 같아서 앞으로의 대학 생활이 정말 기대가 됩니다. 아직 모르는 것이 많습니다. 앞으로 잘 부탁드립니다.

02

04

남자 : 저, 실례지만 사학과 12학번 김미선 씨지요? 저는 같은 학과 웨이입니다. 기억하세요?

여자 : 아, 웨이 씨군요. 지난번에 신입생 환영회에서 만났지요?

남자 : 네. 그런데 죄송하지만 물어보고 싶은 것이 있어요.

여자 : 뭔데요? 말씀하세요.

남자 : 제가 지금 한국의 역사를 들으러 가고 있는데 인문관이 어디예요?

여자 : 저도 그 수업을 들으러 가고 있어요. 같이 가요.

제2과 쇼핑

01

06

여자(점원) : 어서 오세요, 손님. 어떤 걸 찾으세요?

남자(손님) : 입학식 때 입을 정장을 한 벌 사려고 하는데요.

여자(점원) : 이건 어떠세요? 요즘 유행하는 디자인이에요.

남자(손님) : 괜찮군요. 입어 볼 수 있습니까?

여자(점원) : 네. 저쪽에 갈아입는 곳이 있어요. 이쪽으로 오세요.

02

08

(전화대화)

여자 : 여보세요? 중국집이지요? 자장면 둘 하고 탕수육 하나 배달해 주세요.

남자(종업원) : 네. 주소가 어떻게 되십니까?

여자 : 종로 5가 서울 원룸 301호예요.

남자(종업원) : 알겠습니다. 군만두를 서비스로 드리겠습니다.

여자 : 감사합니다. 그럼 모두 얼마예요?

남자(종업원) : 17,000원입니다. 금방 배달해 드리겠습니다. 감사합니다.

제3과 유학 생활

01

10

여자(학생) : 실례합니다. 여기가 사학과 사무실이지요?

남자(직원) : 네, 무슨 일로 오셨습니까?

여자(학생) : 학생증을 잃어버려서 그러는데 어떻게 하면 돼요?

남자(직원) : 학생증은 과 사무실에서 신청 받지 않습니다. 학생회관 안에 있는 은행에 가서 직접 신청하십시오.

02

12

여자 : 웨이야, 좀 피곤해 보이는데 무슨 일 있어?

남자 : 응, 요즘 밤마다 옆방 음악 소리 때문에 잠을 잘 못 자.

여자 : 그럼 옆방 친구에게 직접 말을 해 봐.

남자 : 그래도 괜찮을까? 알았어. 그렇게 해 볼게.

제4과 여행

01

14

회장 : 이번 동아리 엠티는 어디로 갈까?

부회장 : 작년에 갔던 곳으로 가면 편한데 어떻게 할까?

회장 : 이번에는 장소를 바꿔 보는 게 어때?

부회장 : 그래 그것도 좋을 거 같다. 그런데 어디로 가지?

회장 : 다른 학생들 생각을 들어 보고 결정하는 게 좋지 않을까?

부회장 : 그러자. 이번 주 동아리 모임에서 그 얘기를 하자.

02

16

남자 : 네, 강화펜션입니다.

여자 : 저, 다음 주말에 20명이 엠티를 갈 건데, 큰 방이 있나요?

남자 : 모두 잘 수 있는 큰 방은 없지만 방이 네 개니까 충분히 묵으실 수 있어요.

여자 : 그럼 마루는 얼마나 큰가요?

남자 : 인터넷에 방 크기하고 사진이 있으니까 한번 보세요.

여자 : 네, 알겠습니다. 고맙습니다.

제5과 학교 시설

01

18

여자(학생) : 안녕하세요? 책을 좀 빌리고 싶은데 어떻게 해야 해요?

남자(직원) : 저쪽 컴퓨터에서 대출할 책의 정보를 검색하셔서 책을 찾아오세요.

여자(학생) : 저는 1학년인데, 얼마 동안 몇 권을 빌릴 수 있어요?

남자(직원) : 학부생이니까 대출 기간은 15일이고 10권까지 빌릴 수 있습니다.

여자(학생) : 네, 알겠습니다. 감사합니다.

02

20

여자(직원) : 어서 오세요.

남자 : 이걸 국제 특급으로 미국으로 보내려고 하는데요. 얼마나 걸릴까요?

여자(직원) : 보통 이틀쯤 걸리는데 연휴라서 조금 더 걸릴 수도 있습니다. 그런데 안에 뭐가 들었습니까?

남자 : DVD하고 액자예요.

여자(직원) : 깨질 수도 있으니까 포장을 잘 하셔야 해요. 이 종이에 이름하고 주소와 전화번호를 적어 주세요.

남자 : 네. 알겠습니다.

제6과 만남

01

22 남자 : 안녕, 미선아. 어디 가니?

여자 : 웨이구나. 혹시 한국병원이 어디에 있는지 아니?

남자 : 응. 여기에서 750번 버스를 타고 가다가 서울역 정류장에서 내리면 돼.

여자 : 정류장에서 가까워?

남자 : 응. 건너편으로 건너가서 100미터쯤만 가면 돼.

여자 : 그렇구나. 정말 고마워.

02

24 남자 : 미선아, 웨이가 갑자기 급한 일이 생겨서 오늘 오기 어려울 것 같다고 전화했어.

여자 : 그래? 민우도 아까 감기가 심해서 수업이 끝나자마자 집에 갔는데.

남자 : 그럼 제임스는?

여자 : 글쎄. 전화가 안 돼서 잘 모르겠는데.

남자 : 그래? 그럼 오늘은 모두 일이 있으니까 다음에 모이는 게 어때?

여자 : 그럼 그렇게 하자. 내가 제임스에게 메시지를 남길게.

제7과 일상생활

01

26 여자 : 아저씨, 이 치마 허리 좀 줄여 주세요.

남자(주인) : 얼마나 줄여 드릴까요?

여자 : 3㎝쯤 줄여 주세요.

남자(주인) : 네, 모레 오후에 찾으러 오세요.

여자 : 다림질도 해 주실 수 있어요?

남자(주인) : 네, 해 드릴게요.

02

28 남자 : 어제 도서관에 파일 박스를 놓고 온 것 같아.

여자 : 열람실에다 놓고 왔어?

남자 : 응, 3층 열람실에 놓고 왔어.

여자 : 그럼, 우선 네가 앉았던 자리에 가서 확인해 봐.

남자 : 거기에 없으면 어떻게 하지?

여자 : 보통 관리실에서 보관하고 있으니까 관리실에 가서 물어봐.

제8과 공공시설

01

30

여자 : 안녕하세요? 선생님.

남자(의사) : 네, 이쪽으로 앉으세요. 어디가 불편하세요?

여자 : 배가 아파요. 오늘 아침에 토했어요.

남자(의사) : 어제 식사를 많이 하셨나요?

여자 : 네, 친구 생일 파티가 있어서 좀 많이 먹었어요.

남자(의사) : 오늘 아침에는 아무것도 안 드셨어요?

여자 : 네, 배가 아파서 못 먹었어요.

02

32

남자 : 연세 문화센터에 어떤 강좌가 있는지 알아?

여자 : 요리 강좌도 있고 노래 교실이랑 운동 프로그램도 여러 가지 있어.

남자 : 신청만 하면 강좌를 들을 수 있는 거야?

여자 : 그런 것 같아. 그런데 강좌마다 다를 수 있으니까 직접 문의해 봐.

남자 : 그런데 거기 수강료는 어때?

여자 : 별로 비싸지 않을 거야. 학생 할인도 해 주는 것 같아.

제9과 취미

01

34

여자 : 웨이야, 너는 취미가 뭐야?

남자 : 인형을 모으는 거야. 한 100개쯤 모았어.

여자 : 인형? 남자가 인형을 모아?

남자 : 응, 미선아, 너는 뭘 좋아해?

여자 : 탁구 치는 걸 좋아해. 그런데, 인형을 모으려면 돈을 많이 썼겠다. 그걸 다 샀어?

남자 : 산 것도 있고 친구한테서 선물 받은 것도 있어.

02

36

여자 : 영수 씨, 영수 씨는 한가할 때 뭐 해요?

남자 : 친구 만나서 영화도 보고 음악도 듣고 그래요. 밍밍 씨는요?

여자 : 저도 비슷해요. 항상 비슷한 것만 해서 좀 새로운 걸 해 보고 싶은데, 뭐가 좋을지 모르겠어요.

남자 : 밍밍 씨 고향에서 해 보지 못한 걸 하면 어때요? 예를 들면 밍밍 씨 고향은 남쪽이어서 스키를 못 타 봤을 테니까 스키 같은 겨울 운동을 배워 보세요.

여자 : 그거 괜찮겠어요. 아직 스키를 한 번도 타 본 적이 없어서 타 보고 싶었거든요.

제10과 문화생활

01

38

남자 : 너, 뮤지컬 '맘마미아' 봤니?

여자 : 응, 봤어.

여자 : 노래도 신나고 춤도 멋있어. 시간 가는 줄 모르고 봤어.

남자 : 그럼 그 뮤지컬을 여자 친구랑 봐도 괜찮을까?

여자 : 괜찮을 것 같아. 본 사람들은 다 좋다고 했어.

02

40

여자1 : 요즘 드라마 보는 거 있어요?

여자2 : '공부의 신'을 가끔 보는데요. 왜요?

여자1 : 그거 재미있지요? 내용도 괜찮고요.

여자2 : 네, 학교 이야기라서 재미없을 줄 알았는데 생각보다 좋던데요.

여자1 : 배우들이 연기도 잘 하지요?

여자2 : 네, 이번에 처음 나온 배우들도 연기를 잘 해요.

모범 답안

제1과

01

1. 신입생 2. 자기소개

02

1. 동기 사이 2. 강의실 위치

제2과

01

1. 옷가게 2. 정장 한 벌

02

1. 주문하기 2. 자장면 둘, 탕수육 하나

제3과

01

1. 학생-조교
2. 학생증을 다시 만들고 싶어합니다.

02

1. 음악 소리
2. 음악 소리 때문에 (음악 소리가 커서) 잠을 잘 못 자서 그러는데 좀 작게 해 줘. / 음악 소리가 큰데 좀 작게 해 줘.

제4과

01

1. 동기 사이 2. 엠티 장소

02

1. 펜션 주인-학생 2. 방의 크기

제5과

01

1. 도서관 2. 대출 기간

02

1. 소포를 보내려고 합니다.
2. 이름, 전화번호, 주소

제6과

01

1. 한국병원 2. 750번

02

1. 약속 시간을 바꾸고 싶어서
2. 제임스

제7과

01

1. 세탁소
2. 옷을 줄이려고 왔습니다.

02

1. 도서관에 파일 박스를 놓고 왔습니다.
2. 자기가 앉았던 자리를 확인한다. / 관리실에 문의한다.

제8과

01

1. 의사-환자 2. 배가 아픕니다. / 토합니다.

02

1. 문화센터 강좌 2. 강좌의 종류 / 수강료

제9과

01

1. 미선: 탁구 / 웨이: 인형 모으기
2. 샀다. / 선물로 받았다.

02

1. 취미 활동
2. 고향이 남쪽이어서 스키를 못 타 봤을 것 같아서

제10과

01

1. 뮤지컬 2. 신납니다.

02

1. 드라마 2. 내용이 좀 지루하다.

어휘·문법 색인

■ 어휘 색인

■ 문법 색인